3天搞懂美股買賣

圖解

買分身不如買本尊，
不出國、不懂英文，
也能靠蘋果、特斯
拉賺錢！

梁亦鴻／著

是時候認識美股了

2022 年，新冠肺炎已經肆虐的第三年，財經新聞的關鍵字，除了新冠肺炎之外，還有俄烏戰爭、通膨、暴力（激進）升息等最為頻繁出現的字眼；尤其「暴力（激進）升息」的威力最大，這幾個字，讓 2022 年的第三季成為眾多人財富縮水的「元凶」！

回首 2020 年 3 月，新冠肺炎疫情剛剛爆發，罹病率、致死率讓世人危疑驚懼，彷彿世界末日到來，若不是美國聯準會從 2020 年 3 月起，幾乎每天推出救市方案，還在 2020 年 3 月 15 日（這天還是週日） 美東時間下午五點，降息四碼至零利率，甚至承諾將「無上限」購入美國公債和抵押貸款證券，也就是決定「無上限」的量化寬鬆，支持美國經濟，可能全世界的金融已經崩潰、經濟也已經被打趴了！

這樣的榮景，持續了將近兩年。時至 2022 年 9 月，新冠病毒雖然還是肆虐人間，且更多了許多分身，但是人們似乎改變策略，漸漸習慣與之共存。此外，打了超過半年的俄烏戰爭，也還不知如何了局，這時美國聯準會竟然宣布升息，累積已經宣布升息五次，升息幅度達到 12 碼（300 b.p.基本點），讓基準利率來到 3.00 ％ ～ 3.25 ％ 區間。這樣的結果是：美國四大指數連日下跌，短短數週，跌幅超過兩成，美股帶領全球股市跌入投資人普遍認為的熊市！

美國聯準會升升不息，甚且早已斬釘截鐵、信誓旦旦地表明 2023 年絕不會降息的情況下，開始讓美國的消費需求下降；接下來，就是影響新興市場的商品輸出，導致新興國家的貿易衰退。而美國頻繁升息的結果，也讓美元指數居高不下、眾多新興國家的貨幣持續貶值，導致外資也持續撤資，連帶地，新興國家的 GDP 成長率也不被看好、逐步下修……如此惡性循環的結果，讓投資人對於經濟前景益發悲觀！

看到了嗎？當美國想要救市，無畏新冠肺炎、俄烏戰爭、中美貿易戰的影響，道瓊工業指數竟然可以在兩年間，從 1 萬 8000 點左右飆漲到超過 3 萬 6000 點！當美國開始實施緊縮性的貨幣政策，也可以讓道瓊工業指數在短短幾個月內，暴跌到只剩 2 萬 9000 點！跟著陪葬的全球各國股市，眾多的山頂孤魂們，也是哀鴻遍野！這時候，產經新聞裡，拋出的蒼海浮木是，冀望 2022 年 9 月中旬 iPhone 推出新機種，能夠帶領全球經濟走出衰退的陰影。

你可能會納悶：到底怎麼了？新冠肺炎病毒不是比金融海嘯、911 恐怖攻擊更為恐怖嗎？怎麼過去兩年美國股市狂漲成這樣？二位數的通貨膨脹率，又怎麼了？逼得美國 Fed 得要下重手、激進升息，導致全球股市短時間狂跌！

再者，一直關注金融時事的投資朋友，腦海可能還會片段地冒出曾經久據頭版頭條的這些關鍵字：中美貿易戰、美國針對華為、果粉似乎不再熱情捧場蘋果的新機……可是，這些事件，有那麼嚴重嗎？全球股市竟然曾經因此而上演大逃殺的劇碼；我的臺股資產竟然也曾經因此而大幅度地縮水……

所以，有人說，成也美股、敗也美股！

實在弄不明白？

是時候認識美股了！

既然美國沒有被 2008 年的金融海嘯滅頂而且很快地站起來；既然美國還可以在全球尚未研發出有效的新冠肺炎疫苗之前，投資人就開始樂觀以待；既然美國可以主導中美貿易戰，牽制在金融海嘯後快速崛起的中國大陸；既然美國還可以跨洲主導俄烏戰局；既然美國現在依舊扮演著全世界的龍頭經濟體，影響著全球經濟的走勢……

如果你也還有好奇心，想要知道這麼多的「既然」之後的結果；如果你也想要知道，在美國還是位居全球關鍵角色的情況下，自己的資產應該怎麼配置、投資布局應該怎麼納入美股這塊拼圖的話──那麼，是時候認識美股了！

不必飛美國，在臺灣照樣擁有美國戶頭

「第一次就上手」專欄

目錄 第2天 前進美股，實戰華爾街！

第 6 小時　就用技術分析，抓住美股波段買賣點

「第一次就上手」專欄

check! 美股中階班關鍵圖表

目錄

第3天

掌握關鍵數據，進階美股常勝單

第1天

美股真的比臺股賺得多嗎？

在臺股指數高不上、低不下之時，美股已經悄悄復甦。如果你覺得臺股的鴻海、台積電很好賺，那麼，下單給台積電的蘋果、高通公司，不是更有賺頭？

歷經金融海嘯，美國再次證明自己「大到不能倒」，美股搶先反彈，股價倍數上漲，吸引全球投資人紛紛投入！

 買分身不如買本尊，低門檻買世界級上市股

 想致富，先搞懂你想買的美股在哪裡？

 用「概念股」反推情勢，搶先布局美股

 不必飛美國，在臺灣照樣擁有美國戶頭

買分身不如買本尊，
低門檻買世界級上市股

與其在臺灣追逐概念股，不如捨棄「分身」，直接投資美股「本尊」，買最具競爭力的全球頂尖企業公司股票！

單元重點

- 美國 GDP 占全球 1/4，要買就買世界級股票
- 各國爭相擁有美國資產，抱美元與美股相對安全
- 兌換美元投資美股，在新臺幣相對高點下手

到世界企業的集散地當股東

Q 為什麼老師建議投資美國股市，而不是其他國家的股市？美股有什麼優勢？

A 很重要的一點，投資美股等於投資全世界！能夠在美國掛牌 上市 的，幾乎都是世界級的企業，各自都在全球開枝散葉，設立分公司。其實，提到美股中的大型類股，臺灣人多半不陌生。

　　舉例來說，3C 產業類的蘋果和微軟公司、食品龍頭的麥當勞、飲料界天王可口可樂和星巴克、量販店 Costco、每天刷牙都用得著的高露潔牙膏，還有運動用品龍頭 Nike、adidas……，這些公司的產品，幾乎離不開你我的日常生活。想像一下，有什麼比搭這些公司的便車到全世界賺錢，來得更有吸引力呢？

觀念速解

上市

企業發行股票最主要的目的，就是向民眾集資籌錢！股票的等級也有區分，以臺灣為例，「上市」的股票條件最為嚴格，並且在股票集中交易市場交易；次等條件的股票，則是「上櫃」股票，在上櫃買賣中心交易。

（上市、上櫃在各國名稱會有所不同，但觀念是類似的）

重點　美國上市企業生產各式民生用品行銷全世界，因為天天用得到，這些企業的獲利相對穩定，投資它們讓人很安心！

Q 聽說美股的投資選擇比臺股多？投資門檻會不會比較高呢？

A 美股的選擇的確比較多。不像臺灣以電子股和金融股為大宗，光這兩類合計，幾乎就占了臺股大盤總成交值的八成。相較之下，美股類別多，龍頭股也多，選擇就很豐富。（請參閱第 248 頁「美股代號速查表」。）

　　更特別的是，美股可以只買一股，不像臺股需要從一張買起。（臺股一張是 1000 股；當然你也可以買賣零股，但這比較不是主流的交易模式。）

　　買臺股，如果預算不夠，幾乎不可能買臺灣龍頭股。而美國股市買一股就能入市，相對來說，投資門檻低了許多。

美國的上市公司，我們一點都不陌生！

$ nike

高露潔

蘋果

可口可樂

星巴克

麥當勞

觀念速解

強勢美元

簡單來說,一種貨幣要能「強勢」,需要有國際流通量大、具信用基礎、有國際匯兌能力等條件。美元就是這樣一種貨幣,因此常用「強勢美元」稱之。

觀念速解

GDP

GDP(Gross Domestic Product)是「國內生產總值」,也被稱作「國內生產毛額」。它是指一國境內在一段特定時間(一般為一年)裡,所有生產產品和貨物的總值。也就是說,GDP計算的是一個地區內生產的產品價值。

觀念速解

IMF

國際貨幣基金組織(International Monetary Fund),於 1945 年 12 月 27 日成立,為世界兩大金融機構之一,主要職責是監察各國貨幣匯率和貿易情況、提供技術和資金協助,以確保全球金融制度能夠正常運作。

買概念股,不如買源頭股翻倍賺

Q 聽老師說起來很吸引人,但綜合考量經濟情況以及人民消費能力,美股還值得投資嗎?

A 是的,我們可以從兩大方向思考為什麼要投資美股。一是美元有貨幣上的優勢,許多專家學者指出,長期來看「強勢美元」的趨勢不變!二是臺股與美股有高度的關聯性,即使語言不通、看不懂英文,投資人也可以反向從臺股推估美股。美國股市是世界的龍頭,既然要投資,當然應該選擇投資最大的市場。

再者,我們可以來看 **GDP**(國內生產毛額)這個經濟指標,它是衡量一個國家或經濟體在一段時間內經濟表現好壞的重要數據。當一個國家的 GDP 提高,不只代表國內經濟穩定、有所成長,也會因此吸引外商進來投資,提高國家整體收入。

而美國號稱是世界第一大經濟體(**IMF**／預估值),美國的 GDP 幾乎占全球 GDP 的四分之一;因此,如果美國整體經濟不好,全球景氣也會跟著打寒顫。這就是全球都重視美國市場的原因,更是美國值得你我納入投資組合的一項主因。

GDP 對一個國家來說,真的很重要!而美國 GDP 又占全球四分之一,難怪美國的經濟好壞這麼受人重視。

Q 老師說我們可以反向從臺股推估美股,又說美股與臺股有高度關聯性,這部分可以多說一點嗎?

A 如果說美國是世界級的企業集散中心,那臺灣就是

世界級的頂尖代工廠。我們常聽到一些「概念股」，這是媒體和分析師因股票性質的關聯性而創造出的名稱。

通常「概念股」泛指某些性質相關的股票，或者同屬一種產業鏈的股票。就像我們一提到「蘋果概念股」，就會想到蘋果的產品（智慧型手機及影音載體等）是由鴻海（2317）負責組裝、觸控面板是宸鴻（3673）、鋁鎂合金外殼是可成（2474）、數位相機鏡頭是由玉晶光（3406）、大立光（3008）所供應的等等。所以，只要蘋果公司的產品大賣，所謂的蘋果概念股都會跟著沾光，股價連袂上漲。

這就是為什麼大家一提到蘋果概念股，多數投資人第一個想到的就是鴻海、宸鴻、可成；提到美國的英特爾，投資人會聯想到臺灣的台積電。而這些國內大型個股業績增長的主因，都是因為接到美國的訂單；也就是說，鴻海、台積電、可成、大立光等臺灣上市公司的收入來源，和這些美國公司密不可分。既然如此，如果可以的話，為什麼不直接買這些美國公司的股票？

觀念速解

概念股

指和某一主題或是產業有關聯的股票，如果該主題或話題對該類股票有利，通常就會帶動這類股票上漲；相反，則會下跌。

各國 GDP 數值

22.99 萬億美元｜世界排名第 1　　　美國

17.73 萬億美元｜世界排名第 2　　　中國

4.93 萬億美元｜世界排名第 4　　　日本

1.79 萬億美元｜世界排名第 11　　　南韓

0.66 萬億美元｜世界排名第 23　　　臺灣

美國

其他 194 個國家或經濟體

資料來源：StockQ（2022 年 9 月 6 日）

2021 年美國國內生產毛額，約占全世界 1/4 ！
美股與臺股，就像母雞帶小雞

（Q）既然美股與臺股有連動性，那麼兩地的股市應該會同漲同跌囉？

（A）雖然有連動性，但彼此漲跌並非絕對一致！舉個例子，臺灣股市有漲跌幅限制，當日漲跌限制在 10%，美國股市則沒有漲跌幅限制。

美國股市屬於成熟的大型市場，對「數字」反應非常靈敏快速，舉凡像企業財報、失業率、經濟成長率、政府政策等等，只要有任何一點風吹草動，股市漲跌立現，漲跌超過 10% 都不在話下。不過一般投資人也不用太擔心，基本面佳的美國上市股票，即使面對股市大漲大跌，還是禁得起考驗。

反觀臺股雖然有漲跌幅限制，乍看之下比較「安全」，但人為因素太多，訊息報告過於頻繁，使不少投資人喜歡炒短線，短進短出。後果就是臺股近在眼前，也很難賺到錢！

觀念速解

漲跌幅限制

漲跌幅限制是指主管機關為了抑制過度投機行為，使得市場出現暴漲暴跌的情況，干擾交易秩序，因此規定當日的證券交易價格必須在前一個交易日收盤價的基礎上下波動的幅度。現行臺股的漲跌幅限制為 10%。

重點 ▶ 美國股票不像臺股一樣限制當日漲跌 10% ！換句話說，美股有機會在幾天內一飛沖天，也有可能在短短幾天內殺到見骨。

強勢美元支撐，美股挺得住

Q 先前提到美元有貨幣優勢，這與美股有什麼關聯？

A 這要提到一個很特別的現象。2008年發生金融海嘯以來，明明美國是始作俑者，股市應該一蹶不振，但是從2009年上半年之後，美國股市迅速恢復強勢強漲到2019年，令人相當意外。

照理來說，一個國家如果經濟衰退，企業和資金會外逃，貨幣就會貶值。尤其美國在金融海嘯之後採取量化寬鬆政策，大量印製鈔票、對外債臺高築，美元卻沒有想像中的弱勢。

美元此時的強弱表現已經與美國的國力無關；而是因為全球以美元為交易及清算工具的歷史久矣，一時之間，尚無其他貨幣可以替代。全球資金為避險匯集美國，房地產、債市在當時又不是令人放心的投資標的，於是股票成為投資首選，穩住了美國股市。

全球經濟不景氣，美元反倒強勢

各國都有美元資產，美元大到不能倒！

觀念速解

貨幣清算

兩國之間簽訂「雙邊貿易及支付協定」，雙方在兩國銀行各設立一個清算帳戶，並約定交易貨幣。當雙方有進口和出口的交易時，不用現金支付，而是借記清算帳戶，逐筆列帳，期滿結算。

觀念速解

避險

投資一定會有風險，「避險」就是指規避風險，降低投資損失。

觀念速解

匯率

A 國的一元貨幣可以兌換成多少 B 國貨幣？這樣的貨幣比率，就是「匯率」。匯率是每天變動的，通常政治經濟穩定的國家，貨幣匯率變動較小；政治經濟動盪的國家，匯率變動就很大。

觀念速解

**升值
貶值**

假設原本 A 國 30 元貨幣可以換到 B 國 1 元貨幣，現在 A 國 25 元貨幣就可以換到 B 國 1 元貨幣，這就代表 A 國貨幣升值（價值提高），B 國貨幣貶值（價值減少）。

Q 為什麼全球資金都跑去購買美元資產，能不能多說一點美元的現況？

A 仔細觀察金融海嘯以來的局勢：引發金融海嘯的美國，雖然當下經濟嚴重衰退，特別是美國股市當中的金融類股和科技類股跌得慘兮兮，很多大型企業例如美國銀行、花旗銀行、三大汽車廠都處於要倒不倒的狀態。全世界外資避之唯恐不及，甚至有為數眾多的企業努力把錢往外搬。美國政府為了救市，聯準會一直降息，直到降到幾乎為零。但是在匯率上，美元相對於大多數國家的貨幣卻是升值，這是因為有三大力量支撐美元。

❶ 各國央行為了因應金融海嘯引發的蕭條景象，除了比賽降息，就是操作匯市。為的就是救本國出口值，各國央行試圖讓本國貨幣趨於貶值，於是在匯市上買美元，同時拋售本國貨幣；那麼多國家的央行都試圖讓自己國家的貨幣相對美元是貶值的，還有誰比得上各國央行聯手「撐住」美元的力量？

❷ 很多企業的母公司扎根美國，金融海嘯發生以後，母公司狀況不佳，只好選擇斷尾求生，紛紛變賣海外資產匯回美國——包含臺灣的南山人壽也被美國國際集團 AIG 列入變賣選項。

　　在為海外企業瘦身的過程中，變賣海外資產等於賣出外國貨幣，然後在同一時間買進美元，匯回美國給母公司週轉；各企業變賣資產所得加總匯進美國的金額，比匯出去的多，於是美元就反常地上漲了。在那種時候，有誰收買美元的力量大於美國跨國企業？美元當然逆勢升值。

❸ 美國的金融體系雖然遭到打擊，但是歐洲和其他一些工業國家的金融體系也遭遇同樣的難題，在大家

都不好的時候，一般投資大眾會發現：美元相對其他
貨幣來說竟然更加安全。這時候，世界各國的銀行反
倒不再拋售美元，而是想辦法得到更多美元，以備急
需。也有愈來愈多世界各國的投資人重新青睞美元資
產。這是持續推升美元價格的第三股力量。

支撐美元的 3 大力量

力量 1

各國央行總裁

> 讓本國貨幣貶值、美元升值，於是
> 我們的產品變便宜了，更有國際競
> 爭力！

力量 2

母公司在美國的
大公司 CEO

> 母公司有難，各地子公司趕緊把資
> 產換美元，匯款支援！

力量 3

各國專業投資人

> 現在錢放哪裡都不太安全，保險起
> 見，撥一些去買美元和黃金吧！

美國經濟主導地位，難被取代

Q 使用歐元的國家或地區非常廣，難道沒有機會取代美元嗎？

A 假設美元真的要被取代了，那麼有哪些貨幣可以繼美元之後，睥睨全球呢？首先來看到歐元區，光是歐豬五國引起的歐債風波，就已經很慘烈了。更何況歐元區將解體的謠言始終甚囂塵上，這樣的歐元如何取代美元？此外，歐元的一大劣勢，就是歐洲內部各民族國家之間相互獨立，缺乏財政權統一，這也削弱了歐元區和歐盟外交政策的國際影響力。

只有在美國經濟嚴重衰頹，而且美國在國際安全和外交方面的影響力也大為式微，同時歐元區內部又得到高度整合，經濟實力大大超過美國的時候，美元的國際地位才會被歐元取代。不過，這個可能性目前看來還相當渺小。

Q 那麼中國呢？中國近幾年經濟實力很強，GDP 緊追著在美國之後，說不定有機會取代美元？

A 中國雖然強大，但是在很多國家卻還是很難見到人民幣的蹤影，所以短期內勢必無法成為世界性通用的貨幣。

人民幣已在 2016 年 10 月 1 日成為世界儲備貨幣之一，未來人民幣在國際之間的地位高低，端看中國對於人民幣的開放程度：包括人民幣是否能被廣泛採用，作為國際經貿往來的計價單位？人民幣在國際貿易結算中使用的比重是否不斷增加？人民幣是否能夠充當國際清算貨幣？人民幣在國際投資和國際信貸活動中使用的比重是否不斷增加？這些問題都是需要再去探討的！

2022 年，中國仍陷於中美對抗的氛圍，該年 10 月中旬，美國加碼祭出晶片制裁方案後，除了讓中國、

觀念速解

歐豬五國

葡萄牙（Portugal）、義大利（Italy）、愛爾蘭（Ireland）、希臘（Greece）和西班牙（Spain）這五國是拖累歐洲財政的元凶，五國的縮寫為PIIGS，發音雷同「豬」的英文，因此簡稱「歐豬五國」。

觀念速解

儲備貨幣

儲備貨幣是指為多國政府或機構大量持有，作為外匯儲備的貨幣，可以用來直接支付國際交易的貨幣資金。

香港、臺北股市持續重挫之外，連帶地，也讓境內人民幣貶值至 2008 年 1 月以來的低點、境外人民幣貶值至 2010 年創建以來的新低水位；市場並預測人民幣兌美元會在 2022 年底跌破 7.4 的心理價位。未來人民幣的走勢，端視中國央行如何啟動穩定匯市政策了。

Q 簡單來說，美元的地位現在還是很堅固，可以說是無法被取代的？

A 從理性上來講，美元的經濟基礎仍然厚實。美國的 GDP 占全世界 GDP 超過四分之一。從感性上來講，全球大多數國家人民的飲食、服裝、娛樂、文化等生活的各個層面，無一不受美國的影響；而美國的科技、教育、文化等實力遠遠超過其他國家。世界性貨幣需要超級規模的經濟體來支撐，所以美元地位在短期內無法被其他國家所取代。

重點 雖然 2008 年的金融風暴，美國受災最為嚴重，但美元短期內是不會被其他貨幣取代的。美元還是最強貨幣，不管走到哪兒，掏出美元，沒有人不收！

各國央行背書，美國資產最安全

Q 所以，美元強勢、美股不倒，連各國央行也都想持有美國資產嗎？

A 這一點可以從各國外匯存底的資產配置比重來看。美元在全球各國外匯存底的配置當中，平均占比接近六成。根據 IMF 2021 年第四季的資料，東南亞國協加三的外匯存底比重，仍是以美元占比高居首位，遠超過歐元跟日圓數倍之多。

討論貨幣政策時，用的字不是 money 也不是 dollar，而是 currency！

觀念速解

外匯存底

外匯存底就是一國的中央銀行所持有的國外資產，包含現鈔、存款、股票及公債等。

觀念速解

東南亞國協加三

東南亞國家協會（ASEAN），簡稱東南亞國協，有十個會員國，分別為：泰國、馬來西亞、新加坡、菲律賓、印尼、汶萊、越南、緬甸、寮國與柬埔寨。

至於東南亞國協「加三」，則是再加上中國、日本、南韓三國。

各國的外匯儲存底組合裡，美元為大宗

根據 IMF 2022 年 6 月 30 日發布的全球「官方外匯存底幣別組成」（COFER）數據顯示，第一季主要貨幣占全球外匯存底的比重為：美元占比 58.9%，歐元占比 21%，日圓占比 5.4%，英鎊占比 4.97%，人民幣占比 2.9%，其他占比 6.1%。

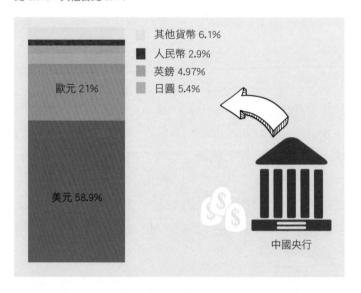

其他貨幣 6.1%

人民幣 2.9%

英鎊 4.97%

日圓 5.4%

歐元 21%

美元 58.9%

中國央行

Q 那麼美債呢？金融風暴和美國國債息息相關，美國會不會有一天付不起債務，造成更大風暴，害我們投資人血本無歸？

A 美元之所以在逆境中還能保有對全球的影響力，沒有出現「眾叛親離」的局面，主要是美國在全球國防安全、商業、外交，甚至是文化方面扎根極深，進而左右了各國政府和個人的投資決定。

根據 2022 年 6 月最新數據顯示，中國持有的美國政府債券達到了 1 兆 30 億美元，仍是美國國債最大的持有國。往前回推至 2007 年年底，中國持有的美國國債僅有 8940 億美元。經濟學家估計，中國外匯儲備的 60% 到 70% 是美國國債、機構債券和企業債券。

投資美國跟美元掛勾，不只是一個經濟決定，這個決定的背後有國防安全和外交等因素的作用。全球大多數的經濟體，怎麼可能在政治上和國防安全上嚴重依賴美國的同時，宣布自己的貨幣跟美國脫勾呢？在這一點上，其他國家的貨幣完全無法跟美元相比擬，投資人也不必過度擔心。

賺股息股利，再賺貶值匯差

Q 匯率每天變動，是不是也會影響美股投資？

A 是的。投資美股需要以當地貨幣來計算，因此不是以臺幣直接投資，而是要先換成美元再拿去投資。這時候，匯率變動也會影響我們投資的收益喔！

最理想的狀況，選在臺幣升值的時候，把錢匯到美國去；在臺幣貶值的時候，再把賺到的錢從美國匯回來。這樣還能因為臺幣貶值，多賺到一些錢。

Q 我還是有點不懂，可以舉例說明嗎？

A 好。假設某一個貿易商他收了一張 1 萬美元的支票，他收到支票的當下，美元兌臺幣是 1：30，但是支票要在一個月後才能兌現。到了兌領當天，如果臺幣升值，匯率是 1：29，這位貿易商只能收到 29 萬臺幣的現金。如果兌領的當天臺幣貶值，匯率是 1：31，他就可以拿到 31 萬臺幣。匯率上只要差一點，收到的臺幣金額就會差很多。所以，當臺幣處於相對高點時，也是投資美股的時機。

重點 注意臺幣的升值與貶值很重要，抓對趨勢，才能讓股市匯市雙頭賺！

資產配置

所謂「資產配置」是指民眾對於有價物質的分配與利用,至於如何分配則是端看自身對於風險的承受度、收入、年齡等的不同,而有不一樣規劃。

Q 近幾年美元兌換臺幣最高與最低的匯率,大約都是多少呢?

A 近幾年新臺幣兌美元匯率的高低點來看,最低點是2002年2月27日,35.311元臺幣才能換到1美元,次低點為2009年2月27日,35.007元臺幣換1美元;最高點為2021年2月25日盤中,27.77元臺幣換1美元。也就是在27到35元之間擺盪。

近十年(2012～2022年)臺幣對美元的匯率平均值為30.3元,目前匯價在31.3元左右,正是兌換美元的好時機。萬一新臺幣貶值,持有美元強勢貨幣,也可以達到資產配置的效果(讀者可以參看《3天搞懂資產配置》)。

美元兌臺幣歷史匯率波動

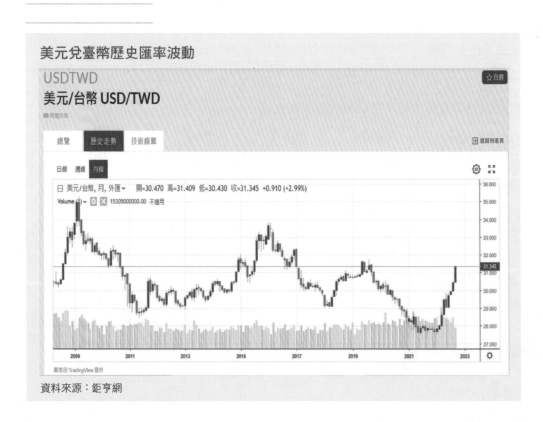

資料來源:鉅亨網

美股漲跌無限制，押對寶荷包滿滿滿！

（Q） 剛才提到美股沒有漲跌限制，投資的風險會不會比較高？

（A） 所有投資都是風險小、獲利機會小；風險大、獲利機會大，這和交易制度也有關。美國股市沒有漲跌幅限制，風險當然比較高，獲利相對也會比較大！

從下方紐約證交所（NYSE）以及那斯達克證交所（Nasdaq）的收盤價足以顯示，以一日漲幅為例，漲跌幅超過 15% 是稀鬆平常的事。以股票代碼 **FNGR** 的公司為例，上漲 29.15%，另一家公司 **CNTQ** 更是一口氣漲了將近 102.63%；再來看到一日跌幅，VIRI 單日就跌了 75%，PGY 更是跌破六成。

美國股市完全是市場機制，在漲跌無限制的情況下，投資人有機會獲大利，當然也有機會賠大錢。所以要再次提醒大家，投資不是投機，買股票本來就應該要做功課，瞭解產業榮枯，而不是隨隨便便憑靈感或明牌下單。

觀念速解

FNGR

FingerMotion，是一間位在紐約的行動數據專業公司，在中國提供行動支付和儲值平臺解決方案。

觀念速解

CNTQ

Chardan NexTech Acquisition 2 Corp.，總部位於紐約，是一間特殊目的收購公司，主要透過資本證券交易、資產收購、股票購買、重組等方式與一個或多個業務進行合併。

紐約交易所（NYSE）排行榜 以 2022 年 10 月 6 日行情為例

＋觀察	走勢	名次	代碼	名稱	日期	價格	1D↑	1W	1M	3M	6M	YTD	1Y
☐		1	CNTQ	Chardan NexTech Acquisition 2	10/05	21.5400	102.63	109.33	109.13	112.85	113.80	116.05	116.70
☐		2	KITT	Nauticus Robotics	10/05	6.3200	96.27	66.32	-40.43	-37.30	-36.99	-36.55	-36.35
☐		3	PEGY	Pineapple Energy	10/05	2.7600	93.01	148.65	24.60	7.39	-49.36	-71.25	-85.54
☐		4	TOPS	TOP Ships	10/05	9.8800	81.95	226.07	73.64	32.19	-49.61	-40.84	-68.73
☐		5	CRKN	Crown Electrokinetics	10/05	0.3320	72.92	18.57	-14.87	-65.99	-79.51	-91.68	-91.12
☐		6	SHFS	SHF Holdings	10/05	7.5200	48.91	-27.06	-31.01	-29.12	-25.98	-25.32	-25.25
☐		7	BHVN	Biohaven	10/05	12.2500	47.59	-91.94	-91.81	-91.61	-90.24	-91.11	-91.42
☐		8	FOXO	FOXO	10/05	1.6100	41.23	-0.62	-84.52	-83.93	-83.81	-83.75	-83.62
☐		9	SLGG	Super League Gaming	10/05	0.9300	34.39	36.74	6.29	-9.71	-51.81	-60.59	-69.41
☐		10	FNGR	FingerMotion	10/05	8.6600	29.15	421.18	891.38	556.30	261.63	24.61	100.91

資料來源：MoneyDJ 理財網

紐約交易所（NYSE）排行榜　以 2022 年 9 月 20 日一日跌幅為例

+觀察	走勢	名次	代碼	名稱	日期	價格	1D↓	1W	1M	3M	6M	YTD	1Y
☐		1	VIRI	Virios Therapeutics	09/20	0.4900	-75.50	-93.86	-92.15	-87.37	-91.30	-90.42	-90.49
☐		2	PGY	Pagaya	09/20	2.2900	-67.24	-80.49	-87.74	-59.33	-76.82	-76.94	-76.77
☐		3	IMTE	Integrated Media Technology	09/20	1.0300	-46.07	-18.25	-28.97	-62.13	-89.90	-76.96	-78.67
☐		4	COSM	Cosmos Holdings	09/20	0.2252	-39.14	-46.58	-28.49	-49.96	-92.23	-93.32	-94.65
☐		5	SPPI	Spectrum Pharmaceuticals	09/20	0.6629	-37.46	-43.34	-47.80	-16.50	-26.17	-47.80	-71.43
☐		6	RUM	Rumble	09/20	12.7900	-23.91	-1.16	26.51	26.76	8.76	18.10	30.91
☐		7	TELL	Tellurian	09/20	2.9700	-23.85	-26.30	-32.50	-15.86	-24.43	-3.57	-6.01

資料來源：英為財情 Investing.com

> 當日跌幅最大的個股，是 VIRI，當天跌幅超過七成

那斯達克交易所（Nasdaq）排行榜
以 2022 年 9 月 20 日一日漲跌為例

名稱 ⇅	最新	最高	最低	涨跌額	涨跌幅 ⇅	交易量 ⇅	时间
🇺🇸 Sobr Safe	3.03	3.16	0.91	+2.12	+232.97%	15.73M	03:59:59
🇺🇸 Epiphany Technolog...	0.0600	0.0600	0.0500	+0.0286	+91.08%	5.55K	03:50:00
🇺🇸 Amprius Tech	11.00	14.00	5.66	+5.10	+86.44%	28.42M	03:59:59
🇺🇸 宏桥高科技有限公司	2.2005	2.2100	1.3100	+0.8305	+60.62%	2.39M	03:59:00
🇺🇸 Neurobo Pharmaceu...	20.790	25.830	14.610	+6.190	+42.40%	7.74M	03:59:59
🇺🇸 Virax Biolabs	3.49	3.74	3.26	+1.02	+41.30%	62.56M	03:59:59

資料來源：英為財情 Investing.com

> Sobr Safe（SOBR）當天漲幅超過二倍，如果以當日最低 0.91、最高 3.15 來看，當天的高低差超過三倍！

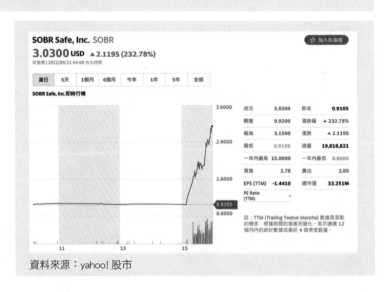

資料來源：yahoo! 股市

吸引外資投資，外國人買賣美股免稅

Q 我們投資美國股票，是不是有免稅的優惠？

A 為了鼓勵其他國家的人投資美股，只要填寫美國 **W-8BEN** 稅表，證明你的外國人身分，買賣美國股票的資本利得就可以不必繳稅。也因為抱持如此開放的心態，美國股市才能匯集全球最大的交易量。

Q 可是如果我的英文程度不夠好，投資美股是不是很困難？

A 現在投資美股的管道變多了，不論是透過複委託券商下單，或者是自己上網開戶下單，都已經比以往簡單、方便、快速許多。

透過複委託券商開戶的投資人，不必擔心語言的問題，因為券商會提供所有的服務。打算自行從網路開戶交易的投資人，在開戶方面，也已經有中文版本；至於美股新聞以及研究報告，投資人也可以從 Yahoo! 或是鉅亨網這一類的中文財經網站取得。

投資美股有許多管道，所以英文不好的人，不必再擔心投資無門囉！

關於開戶和下單，在第一天第四個小時就會教到囉！

觀念速解
W-8BEN 稅表

為美國預扣稅受益人的外籍身分證明，專門為非美國公民身分的投資人設計，內容主要是聲明本人非美國稅務居民，可免除美國相關稅務，申請有效期為 3 年，到期之後需要再重新填寫並申報。

觀念速解
資本利得

一般來說，股票獲利分兩種：資本利得與股利。資本利得就是買賣股票所賺的價差；股利則是指投資人持有股票後，公司所分配的利息，又稱「現金股利」。

想致富，先搞懂
你想買的美股在哪裡？

你想投資美股嗎？那得先搞清楚投資標的的代號是什麼？以什麼指數作為參考基準？買對了，獲利翻倍漲！

單元
重點

- 二大證交所、三大指數，美股左右全球金融動向
- 美股破萬檔，代號為企業縮寫，差一字差很多
- 告別金融海嘯，FB、蘋果、星巴克翻倍賺

觀念速解

市值

公司某日的「市值」＝當日的收盤價 × 當日流通在外的股數

美國二大證交所掌握萬檔股票

Q 美國的股票市場是全世界最大的嗎？

A 以臺灣來說，上市上櫃公司約 1,700 家，市值約 1.72 兆美元，約為 51.12 兆臺幣（截至 2022 年 7 月下旬，資料來源：臺灣證券交易所、證券櫃檯買賣中心）；而美國股市掛牌交易的公司高達 1 萬多家，市值大約 43 兆美元，大大小小的證券交易所加總起來絕對超過十間，美國確實是全球規模最大的投資市場！

Q 原來美國不只一個交易所？

A 對呀！這一點跟臺灣很不一樣。其中有兩間交易所最具代表性，大家一定都聽過，一個是位在華爾街的紐約證券交易所（NYSE），這是美國最老、最大、也是最有名氣的證券市場，還是美東旅行團必遊的景點之一，至今超過 200 年歷史，上市股票超過 2400 檔。

另一個是以高科技、新興產業公司為主，成立於 1971 年，第一個完全採用電子交易的股票市場那斯達克證券交易所（Nasdaq），在那斯達克證交所掛牌交易的

公司已經超過 3758 家。

績優股在「紐約證交」，到「那斯達克」找飆股！

Q 既然都是買賣股票的地方，二大證交所之間有什麼分別嗎？

A 紐約證交所歷史悠久，市場比較成熟，上市條件也比較嚴格。如果企業資本規模不夠大，根本無法進入紐約證交所。通常，《財星》評比的 500 大企業（Fortune 500）多在紐約證交所掛牌，市價總值超過 7 兆美元。

例如出產奧利奧（Oreo）餅乾、麥斯威爾的食品製造商卡夫公司（Kraft Foods）、賣壯陽藥威而鋼出名的輝瑞製藥（Pfizer）、在全世界提供金融服務的信用卡公司美國運通（American Express）等，都在紐約證交所掛牌交易。

另外一方面，在那斯達克證交所掛牌的公司以科技股為主，例如半導體龍頭英特爾（Intel）、軟體巨人微軟（Microsoft）、號稱天下第一入口網站的谷歌公司（Google），以及紅透半片天的蘋果公司（Apple Company）等。

也因為 1995 年微軟等高科技公司、1998 年雅虎等網際網路公司陸續進駐那斯達克證交所，讓那斯達克的成交量不容小覷。由於科技股是潮流熱門股，連帶使得那斯達克證券市場交易活絡，這裡的成交量占了美國股市的總成交量一半以上。

在正常交易時段之外，紐約證交所和那斯達克證交所都有專門的盤前交易時段；盤前交易的時間是從早上 8:00 到早上 9:15。而在正常營業時間（夏令時

資本規模

這裡的「資本規模」是指上市企業的規模要件，包含流通在外的股數、稅前盈餘的金額以及公司的有形資產淨值等。

500 大企業

由《財星》雜誌自 1954 年推出的世界 500 大企業排行榜，以公司全年營業額為排名。

財星

Fortune，是一本美國商業雜誌，由亨利·路思義創辦於 1929 年，內容為專業財經分析和報導，以經典的案例分析見長，是世界上最有影響力的商業雜誌之一。

間，採日光節約提前一小時，美東時間是早上 9:30 至下午 4:00），也就是盤中交易時段，股票經紀商會將客戶的委託單送到那斯達克證交所的造市商（market-maker）——經紀自營商（broker-dealer），或是紐約證交所的專業經紀人（specialists）來執行買賣交易。至於盤後交易，目前兩者都是透過電子通訊網路（Electronic Communications Networks）自動撮和買賣。

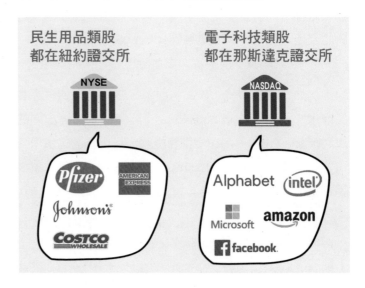

美股三大指標指數，顯示每日漲跌

Ｑ 美股是不是也有幾個重要指數，可以讓我們知道每天漲跌的大致方向？

Ａ 在美國，有超過 1 萬支股票在交易，分屬不同的交易所，也分屬不同指標指數。由於數量過於龐大繁雜，目前還沒有一個指數可以涵括美國所有股票每日的漲跌。所以，每當聽到消息指出美國股市今日大漲或下跌時，一定要知道是哪個指數漲跌？又是哪些股票漲跌左右了這個指數？

美國股市有三大指數較受矚目：道瓊工業平均指數
（Dow Jones Industrial Averages，DJIA）、那斯達克綜
合指數（Nasdaq Composite）、標準普爾 500 指數（S&P
500 Index）。

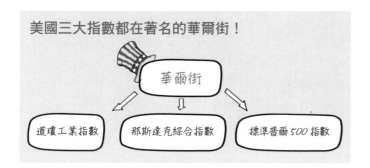

美國三大指數都在著名的華爾街！

華爾街

道瓊工業指數　　那斯達克綜合指數　　標準普爾 500 指數

Q 什麼是道瓊工業平均指數？

A 它是世界上最有名的股價指數，超過百年歷史，這
裡的成分股大多都是在紐約交易所交易，不過，成分股
只有 30 檔股票。其中有一檔股票「美國通用汽車公司」
因為不堪金融海嘯襲擊，已於 2009 年 6 月 1 日正式向
美國政府申請破產保護，並向美國政府要求 300 億美元
援助；於是道瓊工業指數成分股剔除了通用汽車公司，
改由電信設備起家的思科公司取代成為新的成分股。

　　其他成分股則包含製造飛機的波音公司（Boeing，代
號 BA），賣電腦的 IBM（International Business Machines，
代號 IBM）、可口可樂（Coca-Cola，代號 KO）、麥當勞
（McDonald's，代號 MCD）和華德迪士尼（Walt Disney，
代號 DIS），它們都是道瓊工業平均指數的成員。不過，
也因為包含的股票檔數實在太少，很多專家學者認為它有
失偏頗，比較不具代表性。

觀念速解

成分股

「成分股」就是指那些
被納入股票指數計算範
圍內的股票。

僅 30 支股票，影響道瓊工業平均指數的漲跌

3M 公司	思科	家得寶公司	默克製藥公司	聯合健康保險
美國運通公司	可口可樂	英特爾	微軟	安進
蘋果公司	陶氏杜邦	IBM	耐吉公司	Verizon
波音公司	霍尼韋爾	嬌生製藥有限公司	賽福時	VISA
開拓重工	沃爾格林博姿聯合公司	摩根大通公司	寶僑	沃爾瑪
雪佛龍	高盛	麥當勞	旅行者保險	華特迪士尼

Ⓠ 什麼是那斯達克綜合指數？

Ⓐ 臺灣電子股和美國有密不可分的關係，有時類股走勢幾乎是跟著美國的那斯達克綜合指數在走。而那斯達克綜合指數和臺股一樣是股價加權指數。電腦硬體設備類股、軟體類股、半導體類股、網路、通訊類股、網際網路股和生化科技類股等與高科技有關的各種類股，雲集於此，因此，那斯達克綜合指數可說是高科技產業的重要指標。

目前那斯達克綜合指數的成分股超過 5000 支。不只是臺灣，全世界的科技股都把那斯達克綜合指數當作重要指標。那斯達克綜合指數上漲，帶動上揚氣氛，各國的科技股也會連動上漲；那斯達克綜合指數下跌，全世界各股票市場的科技股也都不會有好臉色！

那斯達克綜合指數對全世界科技類股來說極具指標意義，打個噴嚏，全球市場就會重感冒。

Q 什麼是標準普爾 500 指數？

A 由標準普爾公司挑選出具代表性的各產業龍頭，成分股高達 500 家，通常也是美國市值最高的前 500 大公司，因此，幾乎可說是美國前 500 大上市股的總體衡量指標。

> 原來標準普爾 500 指數的名稱其來有自，它衡量的是美國市值最高前 500 家公司股票價格的波動！

Q 美國三大股票指數的計算方式，和臺灣的大盤指數是一樣的嗎？

A 不一定喔！道瓊工業指數的計算方式是價格加權平均數（Price-weighted index），例如 20 美元的低價股漲 1 美元，遇上 100 美元的高價股跌 1 美元，漲 1 元和跌 1 元在指數上就會相互抵消；實際上，低價股的漲幅是 5%，高價股的跌幅 1%，即使低價股漲幅相對較高，也很輕易就被抵消忽略。再加上道瓊指數的成分股只有 30 檔，因此道瓊指數的漲跌高低，很容易誤導投資人！

即使道瓊指數被批評不具代表性，但因為 30 檔成分股都是美國舉足輕重的企業，所以，道瓊指數還是被當成美國總體市場成績的指標。

至於那斯達克綜合指數和標準普爾 500 指數，則和臺灣股市一樣，都是採取市值加權指數（market-value weighted）計算的方式，這樣計算方式是依照股數為基礎加權平均，因此權值股的漲跌幅影響指數高低的情況較為顯著。

觀念速解 價格加權平均數

以個別成分股的價格計算指數，不考慮公司在市場中的規模。雖然價格變動對某高單價個股不具有影響力，但卻會明顯影響指數。

觀念速解 市值加權指數

市值加權指數或資本加權指數，是以公司市值為計算基礎，因此公司規模大小相當重要。股本大的公司權重比較大，股本小的公司權重比較小，像是標準普爾 500 指數以及臺灣的加權股價指數，都是採取這樣的計算方式。

Q 想買美股的話，該以哪個指數作為參考依據呢？

A 想投資美股，必須先知道它的代號，如果想知道它是在哪一個證交所交易，可以透過財經網頁的網站查詢。我們常聽到某某指數漲跌了幾點、漲跌幅多少，建議投資人應同時瞭解三大指數的漲跌情況，而不是單純只關心單一個指數。

那斯達克指數及標準普爾 500 指數的成分股，是在各證交所交易。道瓊指數成分股有 30 檔，多年來一直在紐約交易所交易。但是道瓊指數參考的價值不大。目前市場上多數以那斯達克指數、標準普爾 500 指數為往後股市榮枯的參考依據；因為這兩種指數所包含的成分股遠多過道瓊工業指數，計算方式也較為大眾所接受。

注意囉！不可以只注意一個指數的漲跌，三個指數都需要注意。道瓊指數反映總經指標；那斯達克、標準普爾指數較具市場性！

熬過金融海嘯後，股價飆漲

Q 熬過 2008 年的金融海嘯之後，美國的股市是不是股價大翻身？

A 的確，金融海嘯爆發之初，很多股價應聲慘跌，老字號的美國通用汽車還宣布倒閉，沒有倒閉的企業也是勒緊腰帶，靠著變賣海外資產，回頭金援母公司。當時美國股市也是哀鴻遍野，股價一片綠油油！但是，挺過 2008 年之後，很多公司的股價開始起死回生！

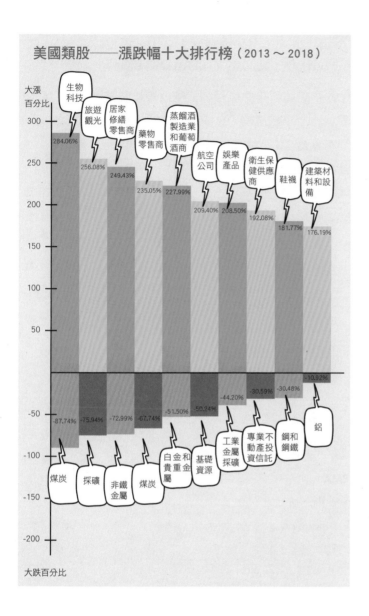

美國類股——漲跌幅十大排行榜（2013～2018）

自 2018 年 1 月 18 日起算，美國股市漲幅最大的類股是生物科技類股，漲幅高達 284%，漲幅超過二倍的，還有旅遊和觀光、居家修繕零售商等。

Q 從 2008 年金融海嘯發生之後，美股長線多頭也走了將近十年，請問是所有的類股都上漲嗎？

A 雖然美國藉由寬鬆的貨幣政策以及擴張性的財政政策、加上非常規的 QE 操作（相關說明，可以參加另外一本專書《3 天搞懂財經資訊》），的確讓美股走出金融海嘯的陰影，也讓多數個股拉出長紅；但是美股各大類股也不盡然是雞犬升天、全數上漲的。歷經 2020 年肆虐全球的新冠肺炎疫情、以及 2022 年下半年美國開始的升息、縮表等緊縮性政策，讓美股各大類股漲跌幅重新洗牌。統計至 2022 年 9 月下旬，漲幅居冠的，是拜新冠肺炎疫情之賜的生物科技類股；而跌幅居冠的，則是煤炭類股。

拜新冠疫情之賜，漲幅居冠的生物科技類股

統計區間	一年 ▼

製藥和生物科技成份股報價		2017-10-26
漲幅10大		
代碼	名稱	漲幅
CLSP	CALLISTOPHARMA	219.26%
AMPE	AmpioPharmaceuticalsInc.	68.92%
INO	InovioPharmaceuticalsInc...	18.78%
BGES	Bio-BridgeScienRg	-80.77%
跌幅10大		
代碼	名稱	漲幅
BGES	Bio-BridgeScienRg	-80.77%
INO	InovioPharmaceuticalsInc...	18.78%
AMPE	AmpioPharmaceuticalsInc.	68.92%
CLSP	CALLISTOPHARMA	219.26%

資料來源：MoneyDJ 理財網

Q 幾乎每年都有新機種推出的蘋果公司，業績跟股價是不是也有受到新冠肺炎疫情的衝擊呢？

A 蘋果公司的市值長年高居全球第一，因為不斷推陳出新的軟硬體服務，擄獲果粉的心，也因此，造就近乎不敗的業績！連受到新冠肺炎疫情以及美國聯準會升息、還升升不息衝擊而連續下挫的科技類股股價，都靠著蘋果公司在 2022 年 9 月中旬推出的 iPhone 14 系列新機，而得到喘息，甚至於收復大半跌勢！這就是臺灣股民曾經戲稱的「一顆蘋果救臺灣」！而蘋果本尊在歷經 2020 年 8 月底第五次的「股票分割」之後，若細算股民持有的報酬率，可真是令人咋舌！假設有一股民在 1987 年蘋果公司第一次股票分割前，就持有蘋果公司的股票，一直持股續抱，那麼當初持有的一股，經過五次分割之後，會變成 224 股！真的是超過 200 倍的奉還了！如果再加上蘋果股價的節節高漲，換算下來，長期持有蘋果公司股票的股東，賺得盆滿缽滿了！

因新冠疫情，跌幅居冠的煤炭類股

統計區間 一年 ▽		
煤炭成份股報價		2017-10-26
漲幅10大		
代碼	名稱	漲幅
WLB	WestmorelandCoalCo.	-10.73%
跌幅10大		
代碼	名稱	漲幅
WLB	WestmorelandCoalCo.	-10.73%

資料來源：MoneyDJ 理財網

Ⓠ 聽財經專家說，美國餐廳類股星巴克在 2009 年漲五倍，而保險金融類股在當時則才剛脫離谷底，為什麼會差這麼多？

Ⓐ 星巴克股票代號 SBUX，屬於「餐廳和酒吧」類別。它在 2008 年底接近 2009 年時跌至 10 美元以下，2009 年以後，股價一路上揚；時隔四年後，股價漲破 60 美元，股價飆漲五倍之多。因為經營策略奏效，股價持續上漲，除了有配息之外，在 2021 年，無畏新冠肺炎的衝擊，股價還上漲超過 120 元！

在保險和金融類股方面，則慘跌七、八成，如果投資人在金融海嘯前買進這一類股的股票，恐怕還需要一段時間才能等到行情回升。從以上說明，我們可以知道一件事，因為美股漲跌無限制，等到美國景氣明顯復甦，這筆機會財人人有機會賺到！

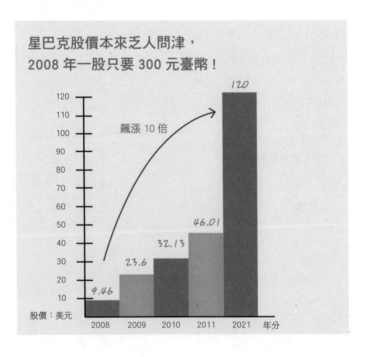

星巴克股價本來乏人問津，
2008 年一股只要 300 元臺幣！

飆漲 10 倍

120
46.01
32.13
23.6
9.46

股價：美元

2008　2009　2010　2011　2021　年分

指數百百種，
我還可以看哪一種？

有時候，我們會聽到道瓊工業指數漲幾點，那斯達克綜合指數漲幾點，還有標準普爾 S&P500 指數漲幾點……。由於各指數納入的成分股以及計算方式不同，因此指數漲跌百分比也會不一樣。

簡單來說，道瓊工業指數只有 30 檔成分股；標準普爾 500 指數包括 400 種工業股、40 種公用事業股、20 種交通事業股，以及 40 種銀行股和保險股；那斯達克綜合指數是科技類股的指標，涵蓋 3000 家以上在那斯達克交易所上市的小型及科技類股公司；而為人熟知的那斯達克 100 指數，就是追蹤最大型的 100 家科技類股公司的平均數。

如果你買臉書的股票，即使道瓊工業指數漲 1 萬點，也不關你的事，因為道瓊工業指數的 30 支成分股並沒有包含臉書股票！因此，投資人要注意自己買的股票是被哪個指數計算在內，這樣才不會被指數唬弄一場。

包含台積電 ADR 的「費城半導體指數」

除了道瓊工業指數、那斯達克

美洲股市行情 (American Markets)								
股市	指數	漲跌	比例	最高	最低	開盤	今年表現	當地時間
道瓊工業	32151.71	377.19	1.19%	32227.74	31876.22	-	-11.52%	09/09
NASDAQ	12112.31	250.18	2.11%	12132.68	11958.61	-	-22.58%	17:15
NASDAQ 100	12588.29	267.10	2.17%	12610.43	12424.15	-	-22.87%	09/09
NYSE綜合	15190.79	229.02	1.53%	15222.79	14961.77	-	-11.50%	17:59
S&P 500	4067.36	61.18	1.53%	4076.81	4022.94	-	-14.66%	09/09
S&P 100	1844.35	31.23	1.72%	1846.82	1820.70	-	-9.23%	09/09
羅素3000	2359.50	38.09	1.64%	2364.45	2328.56	2328.56	-15.37%	16:30
羅素3000成長	1916.97	35.48	1.89%	1920.97	1887.62	1887.62	-21.43%	16:30
羅素3000價值	1992.82	27.32	1.39%	1997.11	1971.21	1971.21	-8.65%	16:30
羅素1000	2240.48	35.75	1.62%	2245.36	2211.20	2211.20	-15.32%	16:30
羅素2000	1882.85	35.94	1.95%	1884.90	1857.14	1857.14	-16.14%	16:30
費城半導體	2721.77	63.59	2.39%	2732.52	2693.07	-	-31.03%	17:15

圖片來源：鉅亨網

指數、S&P500 指數之外，常聽到的還有費城半導體指數和羅素 2000 指數。費城半導體指數（Philadelphia Semiconductor Index）創立於 1993 年，它是全球半導體業景氣榮枯的主要指標，這個指數原本只有 19 個成分股，後來變成 30 個成分股。

費城半導體指數，涵蓋半導體設計、設備、製造、銷售與配銷等面向，它的成分股包括以下這些公司：應用材料（Applied Materials）、超微（AMD）、博通（Broadcom）、飛思卡爾（Freescale）、英飛凌（Infinenon）、英特爾（Intel）、美光（Micron）、意

法半導體（STMicroelectronics）、德儀（TI）、賽靈思（Xilinx）、國家半導體（National Semiconductor）、科磊（KLA-Tencor）、泰瑞達（Teradyne）、諾發（Novellus Systems）等，甚至台積電的 ADR 也在這裡掛牌。

中小企業飆股，參考「羅素 2000 指數」

另一個羅素 2000 指數（Russell 2000 Index）是衡量中小企業股價表現的最佳工具。簡單來說，羅素 3000 指數是 3000 支美國資本總額最大企業的股票加權平均數。羅素 1000 指數則是從羅素 3000 裡排名前 1000 名的取樣！

剩下的 2000 支股票，是羅素 2000 指數的成分股，大約是羅素 3000 指數 11% 的市場資本總額。如果投資人買的美股屬於中小企業的股票，就可以此指數為進出參考標準。

能源貴金屬，追蹤「AMEX 石油類股」、「AMEX 金蟲指數」

另外，關於能源類股的部分，投資人可以參酌 AMEX 石油類股（AMEX Oil and Gas Index），以及 AMEX 金蟲指數（AMEX Gold Bugs Index）。AMEX 石油類股有 13 檔成分股，包括雪佛龍（Chevron）、英國石油公司（BP）、康菲石油（Conoco Philips）、埃克森美孚石油（Exxon Mobil）、荷蘭皇家殼牌（Royal Dutch Shell）等，這些都是國際間具有領導地位的石油探勘、生產與開發業者。

而 AMEX 金蟲指數則是追蹤 15 家金礦公司的股價表現，包括 Barrick Gold Corp、Goldcorp I nc、紐曼礦業、Gold Fields Ltd、Harmony Gold Mining Co.Ltd 等等。

布局美股，看「紐約證券交易所指數羅素 2000 指數」、「美國證交所綜合指數」

其他例如交易所編纂的指數，包括紐約證券交易所指數（New York Stock Exchange Index）和美國證交所綜合指數（Amex Composite Index）也是投資人在布局美股時，必須要知道的重要參考指標。前者包含工業、交通業以及銀行業，約有 2800 支股票；後者則常被用來評斷中小企業股價表現如何的重要指數之一。

因為指數太多，成分股難免會重複，如果投資人想要查詢某個指數或是某個指數的成分股，可以透過鉅亨網查找。在有關「美股」的相關資訊網頁裡，有一個「美股主要類股指數」，選擇其中一個，再點選右方欄位的「GO」，就可以看到這個指數的成分股了。除了常見的三大指數之外，投資人可以再參考其他的指數，藉以瞭解股價漲跌的情況！

心動也要
行動！

今天是 ＿＿＿ 年＿＿月＿＿日

我想買的美股是 ＿＿＿＿＿＿＿＿＿＿＿＿，代號是 ＿＿＿＿＿＿

想買的原因是：

＿＿＿＿＿＿＿＿＿＿＿＿＿＿＿＿＿＿＿＿＿＿＿＿＿＿＿＿＿＿＿＿＿＿＿

＿＿＿＿＿＿＿＿＿＿＿＿＿＿＿＿＿＿＿＿＿＿＿＿＿＿＿＿＿＿＿＿＿＿＿

＿＿＿＿＿＿＿＿＿＿＿＿＿＿＿＿＿＿＿＿＿＿＿＿＿＿＿＿＿＿＿＿＿＿＿

＿＿＿＿＿＿＿＿＿＿＿＿＿＿＿＿＿＿＿＿＿＿＿＿＿＿＿＿＿＿＿＿＿＿＿

＿＿＿＿＿＿＿＿＿＿＿＿＿＿＿＿＿＿＿＿＿＿＿＿＿＿＿＿＿＿＿＿＿＿＿

＿＿＿＿＿＿＿＿＿＿＿＿＿＿＿＿＿＿＿＿＿＿＿＿＿＿＿＿＿＿＿＿＿＿＿

今天是 ＿＿＿ 年＿＿月＿＿日

我想買的美股是 ＿＿＿＿＿＿＿＿＿＿＿＿，代號是 ＿＿＿＿＿＿

想買的原因是：

＿＿＿＿＿＿＿＿＿＿＿＿＿＿＿＿＿＿＿＿＿＿＿＿＿＿＿＿＿＿＿＿＿＿＿

＿＿＿＿＿＿＿＿＿＿＿＿＿＿＿＿＿＿＿＿＿＿＿＿＿＿＿＿＿＿＿＿＿＿＿

＿＿＿＿＿＿＿＿＿＿＿＿＿＿＿＿＿＿＿＿＿＿＿＿＿＿＿＿＿＿＿＿＿＿＿

＿＿＿＿＿＿＿＿＿＿＿＿＿＿＿＿＿＿＿＿＿＿＿＿＿＿＿＿＿＿＿＿＿＿＿

＿＿＿＿＿＿＿＿＿＿＿＿＿＿＿＿＿＿＿＿＿＿＿＿＿＿＿＿＿＿＿＿＿＿＿

＿＿＿＿＿＿＿＿＿＿＿＿＿＿＿＿＿＿＿＿＿＿＿＿＿＿＿＿＿＿＿＿＿＿＿

用「概念股」反推情勢，搶先布局美股

我們可以利用「概念股」掌握美股情勢，提早進場；積極的投資人甚至可以兩地同時布局，搶兩波賺頭。

單元
重點

- 「概念股」連動臺美股價
- 從臺股間接掌握美股訂單銷售狀況，提早搶灘
- 除了投資美股，臺股 ADR 也有賺錢機會

從臺灣掌握美國訂單，搶股市先機

Q 雖然美國有很多知名公司，但在不熟悉個股經營狀況前，該怎麼挑選優質股票？

A 在大家不太認識美國的個股之前，我們可以取巧，先從臺股來看美股。

很多人知道臺灣的某些個股很好，卻不瞭解為什麼好？臺灣個股好的原因，其實是因為背後有美國大型企業的業績在支撐。我們以最夯的蘋果概念股為例，例如 iPhone 的組裝交給鴻海（2317）、和碩（4938）；機殼是可成（2474）做的；觸控的部分是宸鴻（3673）、光學鏡頭是大立光（3008）；還有保留印度廠為蘋果代工 iPhone 的緯創（3231）等等。因為 iPhone 大賣，蘋果陣營業績一片紅，非蘋陣營這兩年一路被壓著打。從臺灣股市新聞瞭解這個趨勢，再推測美股，就能知道蘋果股價漲勢一定高於非蘋陣營。

重點　臺灣是美國最大的代工廠商，臺灣代工訂單多，代表美國公司看好未來業績；臺股裡的概

念股股價好，可想而知美國「被概念的」個股也會好！

可從概念股股價，回推蘋果業績

蘋果概念股一覽

組裝	鴻海（2317）
觸控模組	宸鴻（3673）
電池	順達（3211）、新普（6121）
極細同軸線	鴻海（2317）
印刷電路板	南電（8046）、欣興（3037）、健鼎（3044）
外殼	鴻準（2354）、可成（2474）
連接器	正崴（2392）
背光模組	中光電（5371）
驅動 IC	聯詠（3034）
散熱模組	超眾（6230）
零組件	科嘉－KY（5215）、台燿（6274）、台表科（6278）
石英	晶技（3042）
被動元件	國巨（2327）
光學鏡頭	大立光（3008）、玉晶光（3406）
軟板	台郡（6269）

資訊取得日期：2022 年 10 月 5 日

Ｑ 蘋果的產品確實很受歡迎，這也會表現在它的股價上嗎？

Ａ 蘋果創立之初，股價一路顛簸。直到因為智慧型手機打響名號，從此成為 3C 影音商品的龍頭公司，連帶地，股價也從 2008 年不到 100 美元，一路飛漲到超過 200 美元（股價分割後）。在這樣的情況下，包括臺灣的鴻海、大立光等等，因為照到「蘋果光」，股價也從 2007 年之後一飛千里！

臺灣的代工廠只是代工局部零件，股價就可以沾光，更何況是蘋果本尊！不只股價飆漲八倍之多，還成

為全世界市值最高的公司。在蘋果股價最高的時候，微軟加上 Google、再加上 Facebook，都還沒有辦法抵過蘋果的市值。

像這種超夯個股與美股漲跌無限制的特色就能讓人賺更多。比如你買臺灣的蘋果概念股大立光，可能只會漲二倍，如果買源頭的蘋果本尊，可能就是漲六倍。

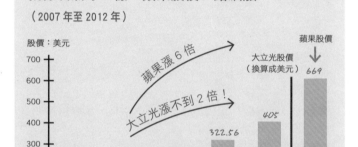

就像吹氣球一樣，蘋果股價一路飆漲
（2007 年至 2012 年）

股價：美元

蘋果股價

蘋果漲 6 倍

大立光股價（換算成美元）

大立光漲不到 2 倍！

	2007	2008	2009	2010	2011	2012
蘋果股價	198.08	85.35	210.73	322.56	405	669
大立光股價	13.1	11.3	12.6	20.2	22.7	20.4

※ 2008 年，花不到 3000 元臺幣，就可以成為蘋果股東，放到 2012 年，一股價值超過 1 萬 8000 元臺幣，漲幅超過 600％！

※ 2008 年，買一張大立光要花 33 萬 8000 元臺幣（一張 1000 股），2009 年到 2010 年之間大立光股價大漲，一張大立光價值 60 萬 7000 元，漲幅逼近 200％！

※ 蘋果跟臺股股王大立光 PK，除了有上述明顯的差距之外，之後蘋果的股價飆漲帶來資產增值的變化，更是令人咋舌！蘋果公司從 1987 年以來，截至 2022 年為止，總共歷經五次股票分割。如果有一位投資人，從 1987 年就持有一股的蘋果公司股票，一直到 2020 年，股數將變成 224 股。而股價曾經在 2021/12/1 創下 177 元的近期高點。在股數增幅超過 200 倍，股價也創新高的情況之下，財富的增值幅度令人咋舌！

重點 ➡ 和代工廠相比，蘋果公司股價一路飆漲，而且蘋果的產品銷售量又這麼好，難怪股價愈飆愈高。

Q 除了蘋果概念股，還有哪些「概念股」可供投資人參考呢？

A 電子類股除了蘋果概念股之外，還有 iPad 概念股、Google 概念股、HP 概念股、Dell 概念股、Facebook 概念股、高通概念股、AMD 概念股、Intel 概念股。透過「概念股」來瞭解美股和臺股兩者之間的關聯性，我們就可以預估未來的情勢，提早布局。

臺灣電子類股與美國電子類股的關聯性

瞭解美股與臺股的關聯性，即可來回布局！

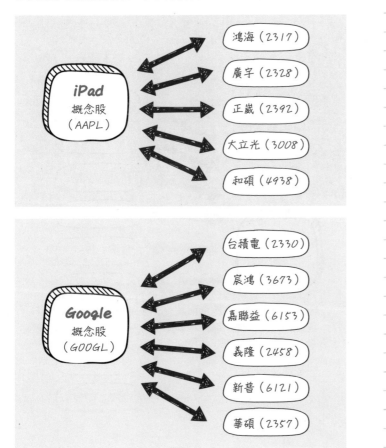

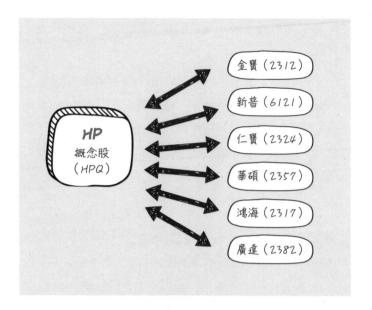

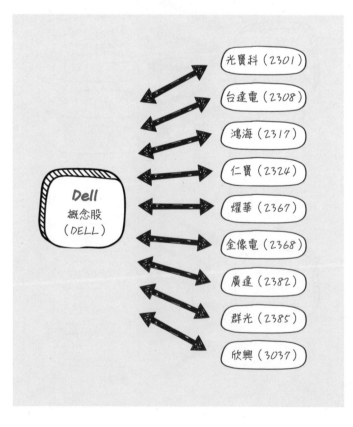

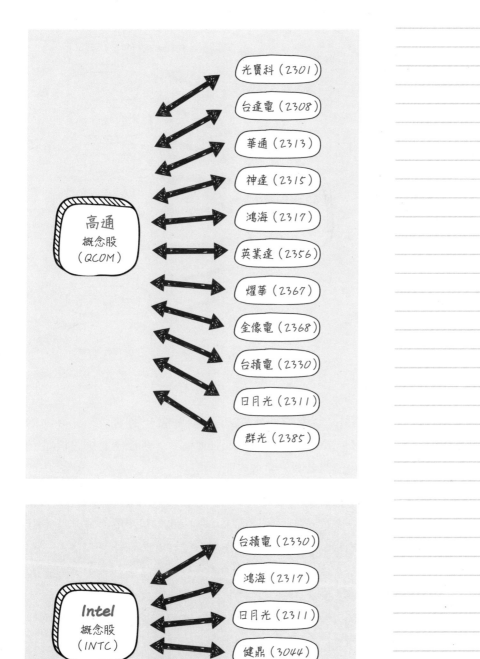

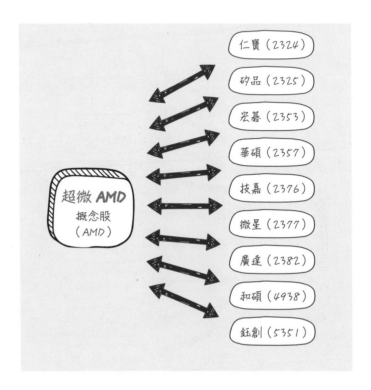

觀念速解

超級
財報週

上市企業必須「在規定的
時間內」公布財報,因此
會集中在某一、二個星
期,由於財報影響美股表
現甚鉅,因此,這幾個禮
拜就被媒體稱為超級財報
週。

第一季季報(Q1)在 4 月
第三個星期公布。

第二季季報(Q2)在 7 月
第三個星期公布。

第三季季報(Q3)在 10
月第三個星期公布。

第四季季報(Q4)在次年
1 月第三個星期公布。

美國企業財報出爐,美股臺股一起動

Q 既然美股和臺股有連動關係,那麼關心美股資訊,
也能幫助我們掌握臺股行情嗎?

A 你說得很對,很多臺灣資深投資人都會留意美國
企業發布的財報訊息。舉例來說,每年的 7 月分是美國
超級財報週,各上市企業分別在此時召開股東會,公布
第二季的財報數字。依照以往的傳統,都是由美國鋁業
率先開跑、為財報週揭開序幕,緊接在後的包括摩根大
通、雅虎、英特爾、微軟、奇異、蘋果等公司。目前科
技業的表現是大家關注的重頭戲。

財報主要在彰顯一家公司的銷售業績或企業獲利；因此，在美國企業發布財報之後，對臺股會有拉抬或打壓的作用。

Ｑ 美股公布財報數字，對臺股居然也會有影響？

Ａ 就像前面解釋的，美國科技業的業績連動全世界相關產業，因此美國公司的財報對各國科技業就有舉足輕重的參考性。處理器雙雄英特爾（Intel）和超微（AMD）以及智慧型手機晶片龍頭股高通（Qualcomm），這三家公司所提出的財報數據和對未來展望，不只牽動臺股走勢，更是國際科技趨勢的風向球，台積電（2330）、鴻海（2317）、廣達（2382）等等的股價，都會隨之波動。

另外，康寧（Corning）是全球面板上游重要關鍵零組件廠商，要觀察面板廠的產量多寡，玻璃基板是重要指標。當全球玻璃基板大廠康寧公布財報，且財報數字優於市場預期，除了激勵康寧股價，也會連帶激勵臺股相關個股；面板股友達（2409）會上漲，友達在美國發行的 ADR 也會受到激勵而上漲。

緊盯美國消費旺季，可搶兩波布局

Ｑ 電子類「概念股」的漲跌立現，那麼傳統類股呢？

Ａ 其實不只是電子類股會受到美國股市漲跌的影響，就連傳統產業類股也有可能因為美國銷售旺季而帶動股價。全美第一大家庭用品量販店家得寶（Home Depot），在全球擁有超過 2000 家連鎖店，該公司主要的供應商是居家修繕 DIY 這方面的概念股，屬於傳統產業、民生用品類型。相較於電子類股，這類臺灣製造供應商的企業名稱和股價就比較默默無聞。

觀念速解

銷售旺季

銷售旺季指的是商品最容易熱賣的一段期間。以美國來說，聖誕節假期相當於華人的過年，很多家庭會選在此時購物送禮，所以美國的銷售旺季多數會以聖誕假期的銷售量作為依據。

但這些企業卻是恬恬吃三碗公穩穩賺！供應 Home Depot 的臺股有億豐（8464）、福興（9924）、成霖（9934）；其中專攻窗簾外銷的億豐，曾經是 Home Depot 唯一的窗簾供應商。而供應商福興則是從自行車及機車零件廠商，轉型成為全臺第一大專業製鎖商，各式各樣的門鎖應有盡有。

最後看到成霖，它是臺灣最大的水龍頭專業製造商，甚至還自立品牌行銷全球，目前是加拿大水龍頭廠商第二把交椅。臺灣這三家企業專門供應 Home Depot 窗簾以及五金用品，外銷業績強強滾。當你看好某一檔臺股、追溯到源頭時，才會發現這檔臺股之所以興盛衰敗，都是因為美國這些大公司下單多寡、業績因而盛衰的緣故。因此，投資人可以從臺股反向思考回去，該如何布局美股。

臺灣傳統類股與美國傳統類股兩者的關連性

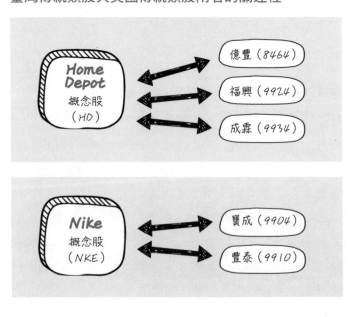

Q 美股公布財報，等於是公布成績單，美股會帶動臺股漲跌；如果是臺股先宣布接到訂單，等於是反推回美股，來預期美股的銷售量嗎？

A 沒有錯。如果投資人清楚知道供應鏈之間的關係，正推反推之間，就有機會搶先布局，臺股賺兩波，美股賺一波！

我們以美股 Home Depot 與臺股億豐為例，通常美國有一大消費旺季，就是感恩節到聖誕節這段期間，如果 Home Depot 預期銷售暢旺，就會先對億豐下訂單；通常接到大單的臺股都會大聲宣布，就在億豐宣布接到大單、股價上漲的前夕，投資人可以搶先買進臺股億豐，這是臺股第一波布局。

接著，再買進美股 Home Depot；等到消費旺季一來，如果 Home Depot 的銷售成績的確亮眼，股價也會上漲，投資人就可以獲利了結。至於臺股第二波，是確定臺灣億豐開始大量生產時，那個時間點就是買臺股的第二次機會！

當然，我們也可以在億豐宣布接單的同時，直接買 Home Depot，因為下訂單、生產製造，直到運送至美國開始銷售，時間長達三個月至半年左右，剛好有利於我們提前三個月到半年布局美股；等到消費旺季業績開紅盤時，就可以賺到美股的價差了。

Q 萬一美國公司銷售狀況不佳，會怎麼樣呢？

A 投資一定會有風險，所以，投資人也要注意銷售動態，才不會大意失荊州。如果美國業績好，股價也會跟著好，連帶地，臺灣億豐的股價也會跟著上揚。但是，接單不等於生產，萬一 Home Depot 銷售不佳，存貨一

通常我們說漲跟跌的英文是「up」與「down」，可是你知道嗎？在國外新聞裡可是不會說「up」與「down」的喔！而是用「higher」與「lower」！

堆，退貨回臺灣的話，億豐股價也會連帶受到影響。

對於股票投資人來說，旺季不旺，就很糟糕了！如果美國人在消費旺季都不消費，不論是沒錢消費，或者是有錢不敢消費，代表美國股市不可能好到哪裡去，影響所及，連臺灣股市都有可能往下震盪。

美國股市 10% 資金下單 ADR

Ｑ 剛剛老師提到友達 ADR，常常聽媒體講 ADR，到底什麼是 ADR？

Ａ 英文縮寫 ADR 代表「美國存託憑證」（American Depositary Receipt）。一般來說，DR 是「存託憑證」，在 DR 之前掛的英文字母，就是存託憑證發行的地區或國家；所以 ADR 的 A，代表的就是美國。

所謂的存託憑證，就是某國家的上市公司，希望自己的股票可以在國外流通，所以將一定數額的股票委託保管銀行或是受託銀行來當作中間機構，然後再通知外國的存託銀行發行存託憑證，這樣才能在外國證券交易所或櫃臺市場交易。

Ｑ 所謂的存託憑證，跟股票是一樣的意思嗎？

Ａ 存託憑證一般代表公司股票。例如台積電、友達這樣的大企業，為了取得更多營運所需的資金，有可能選擇到國外募資，也就是以美國存託憑證的方式在美國股票上市交易。

存託憑證的買賣交易裡有一個很有趣的現象。理論上，國外存託憑證的價格應該和股票發行本國的價格一樣，但實際上存託憑證的價格往往比發行國股價來得高。以台積電為例，台積電可能在臺灣發行了幾百萬張

觀念速解

募資

「募資」就是籌募資金，企業募資的方式有很多種，例如：向銀行借貸、企業上市發行股票、持票據貼息取現、申請政府輔導款項……，這些都是企業募資的方式。

股票，但在美國有時一次只有發行幾萬張 ADR；如果在美國的投資人認為台積電前景可期，他們可以直接買台積電 ADR，在美國當地時間、以當地的交割制度進行交易，而不需要跨海買臺灣的台積電股票。

　　於是物以稀為貴，導致 ADR 的價格通常都比臺股的現股貴。

觀念速解

交割

一方付錢，另一方交貨（股票），在股票市場上，這個過程稱為交割。

 重點

ADR 比較貴的主因：

❶ 存託憑證須通過雙邊國家高標準掛牌條件。

❷ 存託憑證風險性低。

❸ 存託憑證發行股數有限，物以稀為貴，易造成供不應求。

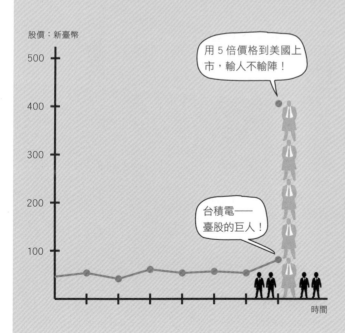

為何 1 股台積電 ADR ＝ 5 股台積電普通股？

股價：新臺幣

用 5 倍價格到美國上市，輸人不輸陣！

台積電──臺股的巨人！

時間

假設當初的台積電收盤價 75 元，美元兌臺幣匯率 1：30，換算成美元，台積電一股約為 2.5 美元。但是對台積電來說，它是世界第一大晶圓廠，是臺灣權值第一重的股票，到美國後，股價卻瀕臨雞蛋水餃股，這叫台積電情何以堪？

因此承銷銀行表示台積電 ADR 可以折換 5 個現股，也就是台積電的 ADR 價格是現股乘以 5 倍。於是台積電 ADR 掛牌價就成了 12.5 美元。

所以反推回來，目前台積電 ADR 的價格，必須先除以 5，再透過匯率計算，才能折合出台積電臺股的價位。

Q 美國人除了買本國股票，也會買 ADR 嗎？

A ADR 帶給企業和投資人跨國籌資和跨國投資的機會，美國人沒有理由把賺錢的機會往外推。目前紐約證券交易所每日的交易量中，大約有 10% 是交易 ADR，換句話說，美國投資人至少把 10% 的投資放在非美國的企業中。而且在交易熱絡的 ADR 裡，台積電名列榜上，這在資金競逐激烈的國際資本市場上相當不易——然而台積電辦到了，這代表台積電被認可是國際間首屈一指的企業。

在美國投資人熱衷 ADR 的情況下，企業對於到海外集資更感興趣，因為在籌募資金的同時，也等於替公司打響全球知名度。而對投資者來說，既然臺灣、美國同時都有一家公司所發行的有價證券，這時候，套利的機會就產生了！

大戶投資偏方，鎖定 ADR 進行套利

Q 什麼是套利？套利是如何進行的呢？

A 套利就是利用「相對價差」進行交易，白話來說就是「買低賣高」。

Q 還是有點似懂非懂，請老師舉個例子吧！

A 舉例說明一下就暸解囉！我們以台積電 ADR 為例：假設某年某日台積電現股之收盤價為 498 元，台積電 ADR 之收盤價為 86.32 美元，當日美元對新臺幣的匯率為 1：29.75，而台積電 ADR，一單位之存託憑證表彰現股五股。

經過計算，當日台積電 ADR 的價格約為臺幣 513 元。投資人於是可以買入價格較低的台積電現股，同時

融券 賣出等量的 ADR 股數，再將台積電現股申請轉換
為 ADR 還券 。一買一賣之間，兩地股價的價差就進投
資人的口袋了。

買低賣高，一種轉換間獲利的藝術

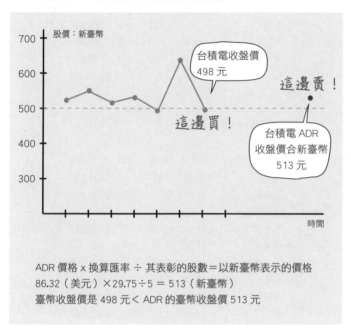

ADR 價格 x 換算匯率 ÷ 其表彰的股數＝以新臺幣表示的價格
86.32（美元）×29.75÷5 = 513（新臺幣）
臺幣收盤價是 498 元＜ ADR 的臺幣收盤價 513 元

Q 難道這樣的套利方式沒有風險嗎？

A 當然有！包括匯率、兩地股價和轉換時間差，都會
造成風險！台積電的 ADR 與臺股永遠都有價差，雖然
它有套利空間，但是，並不是一般小散戶都會想要操作。

　　主要原因有三點，第一，你必須在兩邊都有帳戶，
裡頭都有資金，就是需要準備兩套資金；第二，你必須
估算價差要達到多少，才有夠多的獲利空間（因為其中
還包含手續費等交易成本）；第三，如果你要把臺股變

華人公司在美國掛牌上市 ADR 一覽表（2022 年 9 月 12 日）

台灣ADR 台灣GDR 香港ADR				套利
名稱	**成交**	**漲跌**	**漲%**	**成交量**
台積電	81.53	1.29	1.61	7,086,204
聯電	6.51	0.12	1.88	6,946,537
中華電信	38.94	0.14	0.36	138,897
友達	2.46	-0.02	-0.81	5,758,041
5.81	5.91	0.17	0.03	2,216,166

中國在美掛牌 中國ADR				套利
名稱	**成交**	**漲跌**	**漲%**	**成交量**
百度	138.43	2.57	1.89	1,832,082
新浪網	43.26	-0.05	-0.12	2,084,451
新浪微搏	18.60	0.25	1.36	400,214
搜狐	17.52	-0.28	-1.57	65,721
網易	87.49	1.99	2.33	902,940
第九城市	1.33	0.06	4.72	180,409
暢遊	10.74	0.01	0.09	406,532
前程無憂	60.90	-0.03	-0.05	2,196,873
攜程網	34.93	1.14	3.37	6,825,192
新東方教育	26.75	0.72	2.77	1,154,158
金融界	3.99	-2.45	-38.04	1,565,317
搜房網	2.80	-0.22	-7.28	2,472
唯品會	10.72	0.33	3.18	5,040,255
歡聚時代	29.25	0.73	2.56	356,303
愛奇藝	3.36	0.08	2.44	7,175,603
嗶哩嗶哩	19.32	-0.75	-3.74	11,835,177

資料來源：鉅亨網

成 ADR，還需要臺灣主管機關的同意，雖然通常都會同意，但是核可的時程不確定要多久。所以，這樣的套利模式通常是比較熟悉股性的大戶在操作，散戶通常礙於資金成本，較少投入。

選對飆股獲利逾千萬，美股中實戶的告白

投資股市有 20 年之久的陳先生，兩度在美股嚐到飆股獲利滋味，也曾因網路泡沫套牢，他發現，「美股是全球龍頭，雖然不會好壞股一起雞犬升天，但向來引領潮流，能夠及時反應有關資訊，這就是美股最大的利基點！」

年約 50 歲的陳先生，投資股市的資歷有 20 年，他的工作是電子工程師，因此，電子股成為他理所當然的投資選項！偏偏每次進場投資臺股的時候，電子股都在百元價，買了等於住套房；再加上遇到 1997 年亞洲金融風暴，陳先生的荷包因此受傷不少。痛定思痛之後，他決定捨棄臺股改買美股。

1997 年亞洲風暴後，抱美股賺七倍

「要買就買最源頭的！」這是陳先生在臺股損失百萬後的心得；因此，他決定進軍美股。陳先生挑選美股的喜好不變，透過複委託券商，陳先生依舊選擇他最熟悉的電子類股 Intel，而且還下重本，一口氣砸下 500 萬臺幣。

1999 年由電子科技類股領軍的那斯達克指數狂飆，美國科技股亦步亦趨、連動關係密切的臺股自然也跟著漲；但是美國科技類股漲得更凶，光是 Intel 這檔股票，讓他整整賺了七倍之多！

趕上那斯達克網路泡沫，獲利回吐

陳先生欣喜若狂，立刻獲利了結出場，但是看到指數不斷創新高，陳先生食髓知味，忍不住又進場加碼，雖然一路上嚐到不少甜頭，但 2001 年網路泡沫化，那斯達克指數狂跌，陳先生手上的其他持股來不及全身而退，獲利回吐且套牢，損失慘重！

於是，陳先生又回到了臺股的懷抱。「我在 2007 年買了友達，那時候友達股價才十幾塊，買了友達沒有多久我就去德國出差了，工作太忙，根本忘記要關心股票這檔事，沒想到我出差半年回到臺灣之後，友達居然漲到將近 70 塊！」這次的獲利讓陳先生稍感安慰，電子股終究仍是陳先生的最愛！

2008 年金融風暴後，抱蘋果賺千萬

到了 2008 年金融海嘯引爆，全球景氣衰退，臺灣經濟也低迷不振，更別提臺股的表現了。退到場外的陳

先生，又開始思考如何布局？身為電子專案工程師的陳先生，常常需要周遊列國開會，對於 3C 電子商品的流行趨勢有極高的敏銳度；每次朋友聚會，他總是會隨身攜帶著最新的電子產品。

這一、二年盛行的智慧型手機，對他來說早就落伍了，因為他在 2007 年就開始用手機看電視了！也因為如此，很有國際觀的陳先生，直覺地認為未來會是智慧型手機的天下。

「iPhone 4S 在 2011 年很熱銷，整個蘋果供應鏈組裝的毛利，以前是『毛三到四』（毛利率 3% 到 4%），現在是『數一數二』（毛利率 1% 到 2%），可見蘋果總公司賺更多！」因此，陳先生又再度前進美股！

他在 2012 年春天進場時，蘋果股價已經 450 美元，在當時算是天價，很多朋友擔心他又套在最高點，紛紛阻止他。但陳先生認為蘋果的市值高居全球第一，再加上蘋果光是 iPhone 系列的營業額就大於 Google，甚至能和整個微軟公司的營收相提並論！只因為擁有一項獨特性的商品，就有這麼大的魔力和業績！因此，即使股價已經高達 450 美元，甚至歐債危機影響美國甚鉅，陳先生還是選擇「富貴險中求」。

沒在臺灣買蘋果概念股，選擇在美國股市投資蘋果本尊的陳先生，這次學聰明了。在 iPhone 5 上市之後，股價飆升到 680 美元時見好就收，因此獲利五成，賺進千萬臺幣。

投資心得：絕不跟電子類股愛情長跑！

天時地利人和，讓陳先生財富翻倍，經過股市的幾番更迭，陳先生有自己的體悟：「我不跟電子類股愛情長跑，但是可以跟電子類股談短暫的戀愛！」因為電子產品汰舊換新的速度很快，整體類股的產業變遷週期很短，再加上美股因應市場趨勢比臺股反應更快速，因此，電子類股只適合波段操作，絕不能當作是退休金放著不管。

「臺股的特色就是易受國際股市牽動，而且往往不太跟漲，卻常常跟跌——有時甚至一跌就跌很多。而美股是全球龍頭，雖然不會好壞股一起雞犬升天，但向來引領潮流，能夠及時反應有關資訊，這就是美股最大的利基點！」陳先生如此分享，也希望有意踏進美國股市的投資人，能夠從美股獲利，擁抱財富。

心動也要行動！

今天是 _____ 年___月___日

我想買的美股是 _____，代號是_____

想買的原因是：

_____

_____

_____

_____

_____

_____

_____

_____

今天是 _____ 年___月___日

我想買的美股是 _____，代號是_____

想買的原因是：

_____

_____

_____

_____

_____

_____

_____

不必飛美國，在臺灣照樣擁有美國戶頭

想投資美國股市，不用擔心英文程度太差，但要找到適合自己的券商，才不會讓你的獲利被層層的費用給剝削光了。

單元重點

- 先存股款才能買股票，買一股就能當股東
- 手續費大不同，最低 7 美元到 50 美元
- 英文不好沒關係，中文介面下單容易

美股 VS. 臺股，交易方式七不同

Q 開始買美股之前，想知道買賣美股跟臺股還有什麼不同？

A 除了之前提到的漲跌幅限制外，還有一些小地方，習慣臺股交易方式的投資人得多加留意。

❶ **交易時間不同**：臺灣股市的交易時間為臺北時間早上9：00 到中午 1：30，週末休市。美國股市的交易時間則較長，美東時間 9：30 到下午 4：00，也就是臺北時間晚上 10：30 到凌晨 5：00。

美國因為有夏令節約時間，因此夏天的交易時間與冬天相比，會提早一個小時，為臺北時間晚上 9：30 到凌晨 4：00。美國的券商現在也提供**盤前交易**與**盤後交易**，因此不一定要熬夜來操作美國股票。

❷ **交易代號不同**：臺灣的股票交易代號為數字，如鴻海的股票交易代號為 2317。美國的股票交易代號則為英文縮寫，例如蘋果集團的股票交易代號為 AAPL，3M 集團的股票交易代號為 MMM。

觀念速解

盤前交易　盤後交易

有些券商在美股開盤之前和開盤之後，也提供交易服務，這就是盤前交易和盤後交易，但要注意交易風險。

❸ **交易單位不同**：臺灣股票交易單位為 1000 股的整數倍。美國股票交易單位沒有限制，可以只買賣一股。

❹ **漲跌幅限制不同**：臺灣股市目前漲跌幅限制為 10%；升降單位隨股價不同而有差，例如股價 15 元到 50 元，每一升降單位是 0.1 元，股價 50 元到 150 元漲跌限制是 0.5 元，股價 150 元到 1000 元升降單位是 1 元。

　　美國股市沒有漲跌幅的限制；通常漲跌單位為 1/16 元，但因為美股有採取議價的形式，有時也會出現 1/256 元的情況。

❺ **開戶手續不同**：買賣臺灣股票時，因為是「款券劃撥」制度，必須同時開立銀行戶頭及證券戶頭。買賣美國股票則只需要開立一個證券戶頭，此證券戶頭同時擁有銀行戶頭及證券戶頭的功能。如果開了戶把錢放在裡面，卻沒有買股票，視為存款，券商也會付利息給投資人。

❻ **手續費、稅賦不同**：買賣臺灣的股票，必須支付交易金額千分之 1.425 的手續費給證券商，此外還要再繳納證券交易稅給政府。買賣美國股票的手續費，以交易筆數為基準，每家券商收取的比例不同。一般來說網路下單比電話下單要便宜。

　　為了鼓勵外國人投資美股，因此外國人買賣美股的價差（資本利得）免稅，現金存款所衍生的利息也免稅。唯一扣稅的是現金股利，臺灣投資者必須給付 30% 的稅款。

❼ **股利政策的不同**：臺灣的股利通常一年發放一次，公司會依前一年的盈餘表現來決定股利的多寡。 美國有些公司甚至會按季來分配紅利。

觀念速解

證券交易稅、證券交易所得稅

證券交易稅，簡稱「證交稅」：賣出股票時要扣繳的稅，不論有沒有賺錢都要繳，臺灣稅率為 0.3%。

證券交易所得稅，簡稱「證所稅」：因為買賣股票賺錢要繳的稅，目前是停徵。

美國沒有證交稅，只有證所稅。

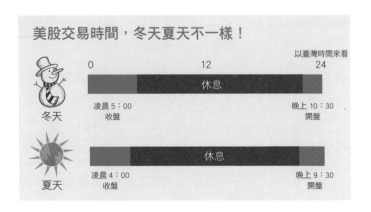

美股交易時間，冬天夏天不一樣！

以臺灣時間來看

冬天：凌晨5：00收盤、晚上10：30開盤

夏天：凌晨4：00收盤、晚上9：30開盤

直接在海外開戶 VS. 國內複委託

Q 如果我想要買美股，該怎麼申請開戶？

A 想要在臺灣買美股有兩種方式，一種是「直接買」，另一種是「間接買」。

「直接買」就是直接為自己開一個美股戶頭，可以到德美利證券 TD Ameritrade、億創理財 E*trade、嘉信理財 Charles Schwab 之類的海外券商網站開戶；或者是透過在臺灣的外資銀行、外資券商辦理開戶。

「間接買」是指臺灣投資人先在臺灣券商開戶，再由臺灣券商到美國券商開戶，然後透過兩個券商開戶與下單，這種做法被稱作「複委託」。

Q 為什麼臺灣券商必須透過美國券商才能買賣美股？

A 一般來說，投資人買股票下單時，都是透過券商，而不是直接跟美國的交易所交易。不過臺灣券商在美國股市並沒有席位（seat），或者臺灣券商不屬於交易所的會員，所以臺灣券商不能直接跟美國的交易所交易，必須透過美國券商買賣美股，這就是「複委託」的程序。也因為「複委託」比較麻煩，所以手續費比較高。

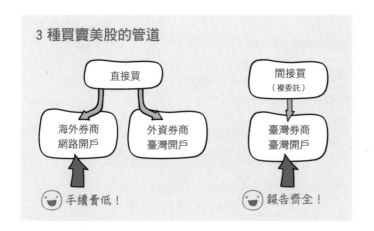

複委託券商手續費高，適合長期投資人

Q 透過「複委託」買股票有什麼好處？

A 臺灣有很多小額投資人未達到某些美國券商開戶所要求的門檻，這些投資人就可以集結在臺灣券商中，形成一個客戶群。當美國券商看到有一個臺灣券商的資金這麼多，這家臺灣券商就成了美國券商的大客戶。對臺灣券商來說，複委託有兩大好處，一是不用對美國券商揭露客戶群，不必擔心客戶被挖；二是美國券商也必須對臺灣券商提出美股研究報告。

而對投資人來說，複委託的好處是可以取得美股的研究報告。目前臺灣大型的金控公司都有提供複委託的服務，他們多半有研究團隊，能夠提供及時行情。此外，美國和臺灣交易時間晝夜顛倒，有些臺灣券商還有值班人員盯盤，提供隨時改單的服務。因此比較謹慎或是投資經驗比較少的投資人，大多偏好複委託的方式。

但是，透過複委託券商下單，買和賣都要收取手續費，一次大約 40 美元，來回就要 80 美元，約合臺幣 2400 元。因為手續費高，下單須謹慎，確認投資美股的

交易價差高於交易手續費，才是有利可圖。如果是偏愛長期投資的投資人，複委託不失為一種好管道。

Q 透過國內複委託券商交易，不管找哪一家券商，手續費用都是 40 美元嗎？

A 國內複委託券商繁多，各家收取的費用不一，網路下單和人工下單的費用也不同，手續費用最低通常在 40 美元左右。

臺灣券商人工、網路下單，手續費一覽表！

僅列舉部分券商交易手續費，實際費用以各大券商公告為主。

券商	人工下單	網路下單
元大	手續費為成交金額的 1%，最低手續費 50 美元	手續費為成交金額的 0.5 至 1%，最低手續費 35 美元
富邦	手續費為成交金額的 1%，最低手續費 50 美元	手續費為成交金額的 0.25%，最低手續費 25 美元
永豐	手續費為成交金額的 1%，最低手續費 35 至 100 美元	手續費為成交金額的 0.5 至 1%，最低手續費 35 至 100 美元
群益	手續費為成交金額的 1%，最低手續費 50 美元	手續費為成交金額的 0.25%，最低手續費 25 美元
日盛	5 萬美元以下收取 1%， 最低為 50 美元 5 萬～ 10 萬美元收取 0.85% 10 萬～ 50 萬美元收取 0.75% 50 萬美元收取 0.7%	交易價金之 0.5%， 最低收 25 美元
華南永昌	手續費為成交金額的 0.5 至 1%，最低手續費 20 美元	手續費為成交金額的 0.25 至 1%，最低手續費 10 美元

海外開戶手續費低，適合用功投資人

Q 那麼到海外券商「直接買」呢？有什麼好處？

A 透過海外券商網路下單交易美股的好處，最主要是節省手續費。海外券商為了吸引中國大陸、臺灣以及港澳地區的投資人，要求的交易費用相當低廉，每次從 7 美元到 20 美元不等。此外，開戶有中文介面、網路自行下單也方便。

Q 「直接買」有不方便的地方嗎？

A 雖然海外券商也會提供中文版本的研究報告，但投資人需要積極一點，蒐集資訊還是要自己來。例如勤上 PChome、鉅亨網等國內財經網站。「直接買」適合短進短出、有投資基礎的投資人，在交易手續費上可省下很多錢。

　　有的投資人會一邊從網路開戶，另一邊透過複委託券商開戶，然後從複委託券商取得美股的研究報告及財經數據，再自己從網路下單。這種省錢的方式沒辦法用一輩子，最終還是會被複委託券商發現。因為美股的研究報告多是券商自己花錢僱用研究員撰寫的，在使用者付費的概念下，如果投資人想用這種方式取巧，恐怕行不通。

觀念速解

研究報告

券商會針對企業的經營績效，發布個股的研究報告，並且給予評價和目標價。

美國知名券商的研究報告內容，大多採收費制，但通常會免費公開個股評價和升降資訊，各大財經網站皆可取得資訊。

觀念速解

財經數據

各國皆會透過公式計算各種經濟活動的數值，用來反映經濟體或產業的榮枯好壞，以便後續做評估或政策的依據。

手續費最低 0 元！快到海外券商開戶

Q 如果我想省下手續費，選擇透過網路，自行跟海外券商開戶、下單，我該怎麼做呢？

A 目前比較知名的海外券商例如德美利證券 TD Ameritrade、億創理財 E*trade、嘉信理財 Charles Schwab 等，有的已有中文介面，且開放給中國、臺灣和港澳地區的投資人線上開戶，投資人只要挑一家去開戶即可；在網頁上也有圖文說明，新手不用擔心，只要備齊文件跟著說明操作就可以。

但要特別注意的是，如果同一年度在美國居住超過 183 天以上，就不符合申請國際帳戶的資格。例外情況也有，就是持有 F、J、M、Q 簽證的暫時居民，具備申請國際帳戶的資格。另外，基於安全考量，如果在網頁上靜置超過 10 分鐘，就會被系統自動登出，必須重新填寫表格。

Q 在海外證券開戶，需要填寫什麼文件？萬一不會填，該怎麼辦？

A 需要填寫開戶用的「非美國居民經濟帳戶申請表」，共二頁，以及免稅證明用的「W-8BEN」表格，共一頁。兩份文件都需要在 90 天內填妥、簽名，連同兩份申請人身分證明文件（其中一份為身分證或護照，詳見下面說明），一併傳真、mail 或快遞到海外證券公司。

觀念速解

F、J、M、Q 簽證

美國的非移民簽證種類很多，最常見的有：

B1／B2 簽證：觀光／商務簽證。

F／J 和 M 簽證：學生及交換賓客簽證。

Q 簽證：短期工作人員簽證。

這些表格非常簡單，我們就以第一證券為例，說明該如何申請帳戶和填寫相關資料。

申請海外開戶 Step by Step

因為史考特證券已經併入德美利證券，今改以第一證券（Firsttrade）為例：

❶ 連上第一證券的申請頁

https://signup.firstrade.com/apply/zh-tw/?version=old

FIRSTRADE 第一證券
網上開戶申請

需要協助？
+1-888-889-2818 (美國免費電話)
+1-718-888-2158 (海外專線)
線上即時通

❖ 請用英文填寫

姓 Surname

名 Given names

電子郵件信箱

請問您是否為美國公民？
○ 是　　○ 否

開始申請

例如：
顧客姓名: 王大同
姓 Surname: Wang
名 Given names: Datong

填寫網路申請表時請準備下列資料：
- 證件英文姓名
- 永久居住地址
- 雇主名稱及地址(若適用)
- 有效護照

INFO ● 電話資料裡，臺灣的國家碼是 886，區域碼是指台北 02，台中 04 等區碼，按所在區域填寫。若提供的是手機號碼，如 0931xxxxxx，填寫時請填 8862931xxxxxx。

❷在接下來的頁面裡，點選相關的選項，逐步填寫即可。

1 2 3 4 賬戶類型及相關選項

您希望開哪一種證券投資賬戶？

○ 個人賬戶

○ 共同賬戶 - 生存者取得權

請按此處下載其他賬戶類型的申請表格。

請選擇證券投資賬戶相關功能。

◉ 現金賬戶 ⓘ

○ 現金, 融資賬戶(了解更多融資相關資訊，請點擊此處) ⓘ

☐ 期權交易 ⓘ

[繼續]

↑ FIRSTRADE
Member FINRA/SIPC

開戶申請表 Easy Application Form

INDIVIDUAL ACCOUNT APPLICATION 個人帳戶 （非退休）

(表格請以英文填寫)

帳戶類型 ACCOUNT TYPE	投資簡況 INVESTMENT & FINANCIAL PROFILE (您必須選擇至少一項)
☐ 現金 Cash　　☐ 融資 & 賣空 Margin & Short　　☐ 期權交易 Options (請在第2頁填寫期權申請表格)	**投資目標 Investment Objectives**　☐ 資本保值Capital Preservation ☐收入Income ☐增值 Growth ☐投機Speculation ☐其他Other

帳戶持有人 ACCOUNT HOLDER

姓名 Full Legal Name	社會安全號碼 SSN
電子郵箱 Email Address	出生日期 Date of Birth
住址 Home Address (不可使用 P.O. Box 郵局信箱)	
城市 City　　州 State　　郵遞區號 ZIP	
郵寄地址 Mailing Address (不可使用 P.O. Box 郵局信箱)	
城市 City　　州 State　　郵遞區號 ZIP	
住址電話Home Phone　公司電話 Business Phone　手機 Mobile Phone	
居住年數 Years of Residence	

美國公民 U.S. Citizen:　☐ 是 Yes　☐不是 No
如果不是, 請輸入國家 _____　並在下一行勾選美國境內身份:
☐ 永久居民（綠卡）　☐ 外籍居民　☐ 外籍非居民
　Permanent Resident　　Resident Alien　　Non-Resident Alien

工作資料 EMPLOYER INFORMATION

公司名稱 Employer (若為無業, 自營業, 學生或家管請註明)　職業 Occupation	
公司地址 Employer's Address　城市 City　州 State　郵遞區號 ZIP	
工作年數 Years at Employer　行業類型 Type of Business	
職位 / 職稱 Position/Title	

投資經驗 Investment Experience
☐ 無 None　☐ 有限 Limited　☐ 良好 Good　☐ 豐富 Extensive

年收入Annual Income
☐ Under $20,000 (01)　☐ $20,001 to $25,000 (01)　☐ $25,001 to $50,000 (02)
☐ $50,001 to $100,000 (03)　☐ $100,001 to $200,000 (23)　☐ $200,001 to $300,000 (24)
☐ $300,001 to $500,000 (25)　☐ $500,001 to $1,200,000 (26)　☐ Over $1,200,000 (27)

流動資產 Liquid Net Worth
☐ Under $20,000 (01)　☐ $20,001 to $25,000 (01)　☐ $25,001 to $50,000 (01)
☐ $50,001 to $100,000 (02)　☐ $100,001 to $200,000 (22)　☐ $200,001 to $500,000 (23)
☐ $500,001 to $1,000,000 (24)　☐ $1,000,001 to $5,000,000 (25)　☐ Over $5,000,000 (26)

淨資產 Total Net Worth
☐ Under $20,000 (01)　☐ $20,001 to $25,000 (01)　☐ $25,001 to $50,000 (01)
☐ $50,001 to $100,000 (02)　☐ $100,001 to $200,000 (22)　☐ $200,001 to $500,000 (23)
☐ $500,001 to $1,000,000 (24)　☐ $1,000,001 to $5,000,000 (25)　☐ Over $5,000,000 (26)

風險承受能力 Risk Tolerance
☐ 低 Low (01) ☐中 Medium (02) ☐ 高 High (03)　稅率Tax Bracket: _____%

聲明 AFFILIATIONS

☐ **帳戶持有人 Account Holder**
本人為登記有照的證券經紀，或僱主為證券交易所或交易所會員。請附上僱主的同意信函。
The Account Holder is licensed or employed by a registered broker/ dealer, securities exchange, or member of a securities exchange. Include a Compliance letter.

☐ **帳戶持有人 Account Holder**
本人為任何公開上市公司的董事、10%以上持有股人或決策人。請註明公司名稱地址。
The Account Holder is a director, 10% shareholder, or policy- making officer of a publicly traded company. Specify company name and address.

☐ **帳戶持有人 Account Holder**
本人或直系親屬是當外政府高級官員。請註明官員姓名、職位、所屬國家。
The Account Holder or a member of their immediate family any business associate is a senior political figure. Specify the name of the political figure, political title, relationship, and country of office.

❸「非美國居民經濟帳戶申請表」裡，每一欄皆有中文翻譯，按表填寫即可。

 **FIRSTRADE**
Member FINRA/SIPC

W-8BEN 表格填寫說明

美國證券市場幾乎對全世界國家的人民開放，為獎勵投資，符合外國人身份的投資人買賣證券所得之資本利得 (Capital Gain) 免予扣繳美國所得稅。若您並非美國居民，開戶時請填寫美國國稅局提供的 W-8BEN 表，以便享受免稅優惠。然而，外國投資人所得的現金股利 (Dividends) 仍然必須繳交美國政府所得稅。 W8BEN 表請寄到第一證券而非美國國稅局。

W-8BEN 是美國政府單位發行的表格，**必須以英文正楷填寫**，第一證券所提供的中文版本，僅作參考用。**請將填寫後的表格電郵或傳真至第一證券：**

電子郵件： newaccounts@firstrade.com
傳真：   1-718-961-3919

請注意：
- 此表僅限個人使用，如為公司或其他法人申請，請使用 W-8BEN-E。
- 美國公民和綠卡持有者請勿使用 W-8BEN，請使用 W-9。
- 居住在美國境內之外籍人士，其身份符合美國國稅局所定義之所得稅申報義務人者，請勿使用 W-8BEN，請使用 W-9。
- 當年度在美國境內實際居住超過 183 天之外籍人士，請勿使用 W-8BEN。 F、J、M、Q 簽證持有者除外，請在表格上註明您的簽證類別。
- 若您的身分由他國國籍變更為美國公民或永久居民，請於 30 天內填寫 W-9 通知第一證券。
- 若您的固定居住地址遷移至不同國家，請於 30 天內填寫新的 W-8BEN 表格交予第一證券。
- 第一證券有權在任何時候要求我們的用戶提供 W-8BEN 表格簽署原件。

第一部分 受益人資料
1. 受益人姓名
2. 受益人國籍
3. 固定居住地址（恕不接受郵政信箱號碼或代收郵件地址）
4. 除少數例外，居住地址應包含門牌號碼、路（街）名、城市名、國名和郵政編碼。

 ●在地址欄位，可連上中華郵政「中文地址英譯」服務頁面 http://www.post.gov.tw/post/internet/f_searchzone/index.jsp?ID=190103#result，即可輕鬆獲得正確的英文地址，複製貼上表格，或謄寫至列印出的表格即可。

❹在「非美國居民經濟帳戶申請表」第二頁裡，須申報帳戶裡的資金來源，預計每年存、提款次數及轉移金額。若投資金額低於臺幣 30 萬元，且不會每月存、提美元進出帳戶，第 19 項三個問題，皆勾選第一個欄位即可。

---

*18. Please indicate source of funds used to establish this account: 請表明開設此帳戶的資金來源:

☐Income/Savings　　☐Investments　　☐Inheritance/Gifts　　☐Retirement/Government /Legal Benefits　　Other _____
收入/儲蓄　　　　　投資　　　　　　遺產/贈給　　　　　　退休/政府/法律福利　　　　　　　　　　其他

*19. Please indicate number of fund transfers and amount (e.g. checks, wire transfers, etc.) you anticipate in any given year.
請表明將在任一年中您預計資金轉移次數與金額（例如：支票，電匯 等等）

a). Deposits:　　☐1- 10　　☐11-20　　☐20+
存款次數

b). Withdrawals:　　☐1-10　　☐11-20　　☐20+
提款次數

c). Transfer amount: ☐$0 - $10,000　☐$10,001 - $25,000　☐$25,001 - $100,000　☐$100,001 - $250,000　☐$250,001+
轉移金額

*20.
☐Yes 是　☐No 否　Is any applicant employed by or affiliated with a U.S. securities firm registered in the U.S., a U.S. securities exchange, or FINRA?
　　　　　　　　　　申請人是否受聘或附屬於在美國註冊的證券公司、在美國的交易所或 FINRA？
　　　　　　　　　　(If yes, please provide name and address of Compliance Dept 如果是，請提供法檢部門聯係人名稱及地址) _____
☐Yes是　☐No否　Is any applicant a "control person" or "affiliate" of a U.S. public company as defined by the U.S. Securities Exchange Commission?
　　　　　　　　　　This would generally include 10% shareholders, member of the Board of Directors and policy-making officers.
　　　　　　　　　　申請人是否為美國證券交易管理局（SEC）所定的美國上市公司"控股人員"或"附屬人員"?這總體包括持股10%的股東、董事會成員和
　　　　　　　　　　制定條規的執行官。(If yes, please provide trading symbol and company) (如果是，請提供證券代號及公司名稱)_____
☐Yes 是　☐No否　Are you or anyone with interest in this account either: 1) a senior military, governmental, or political official in a non-U.S. country, or 2)
　　　　　　　　　　closely associated with an immediate family member of such an official?
　　　　　　　　　　您或任何在此帳戶中有利益的人：1）是美國以外國家的軍隊，政府或政治高級官員? 或 2）與此類官員的直系親屬有密切關係?
If you answer "Yes", please provide additional information below: 如果您的回答為"是"，請在以下提供額外資料:

Name of Official _____　　　　　　Office Held _____
官員姓名　　　　　　　　　　　　　　擔任職位
Country Served _____　　　　　　　Relationship _____
任職國家　　　　　　　　　　　　　　與您的關係

BY SIGNING THIS AGREEMENT I ACKNOWLEDGE THAT I HAVE RECEIVED, READ AND AGREE TO ABIDE BY THE TERMS OF THE ACCOMPANYING
BROKERAGE ACCOUNT AGREEMENT WHICH CONTAINS A PRE-DISPUTE ARBITRATION CLAUSE AT PARAGRAPH 29.
經簽署本合約，本人確認已經收到、閱讀並同意遵守簡附的經紀帳戶合約的條款，該合約第29款包含有預爭議仲裁條款。

NON-RESIDENT ALIEN CERTIFICATION: I CERTIFY THAT I AM NOT A U.S. CITIZEN, RESIDENT ALIEN, OR OTHER U.S. PERSON FOR U.S. TAX

Tips

只要本身和美國金融體系沒有任何關聯，不是政府官員或軍人，也沒有跟政府官員或軍人的直系親屬關係密切，第 20 項裡全部勾選「No」。最後別忘了簽完名再寄送喔！

❺「W-8BEN」表格只需要填寫 Part I 和 Part IV。此表證明投資人符合不需繳納資本利得的資格，也就是從美國股市賺的買賣價差，完全不需要上稅！

第一部分：填寫帳戶持有人資料

第一欄：姓名

第二欄：國別

第三欄：投資人屬性，個人投資請勾選「Individual」

第四欄：填寫永久住址

第五欄：通訊住址。如果投資人非美國居民，但是可能因為公務或是私人因素，
正好居住在美國，所填寫的地址是美國地址的話，必須提交：護照或身
分證影本、W-8 美國通訊地址說明表、原居住國的居住證明，例如半年
內的水費、電費、瓦斯費帳單等

第六欄：美國稅籍編號，如果沒有可以不用填寫

第七欄：外國稅籍編號，此欄可不填

第八欄：如果先前有同一家公司證券帳號，請寫出先前所持有的帳號號碼

Part I   **Identification of Beneficial Owner** (See instructions.)

1 Name of individual or organization that is the beneficial owner	2 Country of incorporation or organization

3   Type of beneficial owner: ☐ Individual   ☐ Corporation   ☐ Disregarded entity   ☐ Partnership   ☐ Simple trust

☐ Grantor trust   ☐ Complex trust   ☐ Estate   ☐ Government   ☐ International organization

☐ Central bank of issue   ☐ Tax-exempt organization   ☐ Private foundation

4   Permanent residence address (street, apt. or suite no., or rural route). **Do not use a P.O. box or in-care-of address.**

City or town, state or province. Include postal code where appropriate.	Country (do not abbreviate)

5   Mailing address (if different from above)

City or town, state or province. Include postal code where appropriate.	Country (do not abbreviate)

6 U.S. taxpayer identification number, if required (see instructions) ☐ SSN or ITIN ☐ EIN	7 Foreign tax identifying number, if any (optional)

8   Reference number(s) (see instructions)

第四部分：在表格最下方 Sign Here 後簽名，壓日期。

Part IV   **Certification**

Under penalties of perjury, I declare that I have examined the information on this form and to the best of my knowledge and belief it is true, correct, and complete. I further certify under penalties of perjury that:

1 I am the beneficial owner (or am authorized to sign for the beneficial owner) of all the income to which this form relates,

2 The beneficial owner is not a U.S. person,

3 The income to which this form relates is (a) not effectively connected with the conduct of a trade or business in the United States, (b) effectively connected but is not subject to tax under an income tax treaty, or (c) the partner's share of a partnership's effectively connected income, **and**

4 For broker transactions or barter exchanges, the beneficial owner is an exempt foreign person as defined in the instructions.

Furthermore, I authorize this form to be provided to any withholding agent that has control, receipt, or custody of the income of which I am the beneficial owner or any withholding agent that can disburse or make payments of the income of which I am the beneficial owner.

Sign Here ▶   ---   -----------------------   -----------------------

       Signature of beneficial owner (or individual authorized to sign for beneficial owner)   Date (MM-DD-YYYY)   Capacity in which acting

For Paperwork Reduction Act Notice, see separate instructions.   Cat. No. 25047Z   Form **W-8BEN** (Rev. 2-2006)

✪ *Printed on Recycled Paper*

Q 表格填好了，接下來要準備什麼文件？

A 客戶身分證明文件：提交兩份優先文件，其中一份必須是有效護照或身分證影本。若優先文件上含有地址，但是與經紀帳戶申請表上的地址不符，則須另外提交一份含有目前地址的替代文件。

　　如僅提交一份優先文件，則須再提交兩份替代文件。其中至少有一份替代文件上的地址與經紀帳戶申請表上的地址相符。

網路開戶須提供兩份國際帳戶證明文件

優先文件	護照
	國家核發之身分證
	駕照
	戶籍謄本
替代文件 （所有替代文件必須含有帳戶申請人的姓名和住址，並且是最近六個月內發出的文件，稅單可使用最近一年內核發的文件。）	銀行或信用卡帳單
	家用水電瓦斯費帳單或稅單
	銀行出具之證明文件
	雇主出具之證明文件
	居委會出具之證明文件
	管理費賬單
	手機或付費電視帳單
	由政府出具之信件
	與銀行、強制性公積金（MPF）及保險公司等之通信文件

觀念迷解

強制性公積金（MPF）

Mandatory Provident Fund Schemes，是香港的一項退休保障計劃，強制香港所有勞工成立投資基金以作退休之用。與臺灣的勞退新制相似，都是企業與員工每月各自從薪資提撥，放在政府管理的專戶。

Q 如何繳交開戶文件？

A 在網路開戶後，投資人可先傳真或 e-mail 文件過去，讓券商預先審核資料，進行開戶。

傳真或 e-mail 後，還是需要把實體文件整理好，完整寄給海外券商，畢竟券商還是需要檢視你的證件。

海外券商從傳真或 e-mail 收到齊全文件並審查合格後，會先開通帳戶並通知帳戶號碼，我們便可以存錢進去。但此時尚無法進行交易，要等券商收到 W-8BEN 表格的原件，投資人才可以開始進行交易。

第一次存入 500 美元，即可開始交易

Q 開戶之後，戶頭裡最低必須匯入多少錢？該如何匯款？對方會收取帳戶管理費嗎？

A 各家券商不同，通常開戶後一個月內必須匯入資金，現金帳戶最低 500 美元，融資融券帳戶最低 2000 美元。

觀念速解

融資融券

「融資」就是向證金公司借錢買股票，時間到了就補錢；「融券」就是向證金公司借股票來賣，時間到了就把股票還回去。

如果投資人在美國沒有銀行帳戶，可以從臺灣的銀行電匯資金到海外券商證券戶頭。如果投資人本來在美國就有銀行帳戶，可以直接從美國境內匯款至海外券商證券戶頭，匯款手續費會比從臺灣匯過去便宜。

或者，投資人原本已經有海外證券帳戶，轉換到另一家還可以享有優惠（例如 100 美元）。有些券商還不收取帳戶管理費，但每一家券商狀況不同，可參考各家網頁之規定。

(Q) 如何自行下單進行美股買賣？

(A) 投資人可以先審視美股的現價之後，點選「交易」的頁面，就會出現「股票訂單輸入」。然後選擇「買進」或是「賣出」，接著輸入「股票代號」。如果不知道代號，點選旁邊「查詢代號」的小框框可以幫忙查詢。最後輸入你限定的價格就可以了。

　　不過要注意的是，透過海外券商網路下單，帳戶裡要有足夠的金額，券商才會按照指示買股，買到以後也會直接從帳戶扣除金額，這部分和臺灣股市不太一樣。

選好股票代號，10 秒完成買賣交易！

同樣是複委託，網路下單比人工下單便宜

Q 如果透過複委託券商開戶，需要準備什麼資料？

A 投資人開立複委託帳戶，必須攜帶身分證正本、第二身分證件正本、及印章，最重要的是，投資人一定要到分公司親自辦理開戶。

開戶之後，投資人可以透過電話由專人下單，或者是透過複委託券商官方網站下單。只是，交易前必須先確認好交割款項夠不夠？因為如果要買賣美股，證券帳戶必須是足額才能交易！

Q 交易成功之後，交割流程大約會多久？

A 如果是在 T 日委託買進，T+1 日成交，T+2 日扣款。如果是在 T 日賣出，T+1 日成交，扣款日後二個營業日（T+5）早上，複委託券商會將賣股所得的金額匯到客戶帳戶裡。

什麼時候扣款？什麼時候入帳？複委託的交割流程一覽

星期一	星期二	星期三	星期四	星期五	星期六	星期日	星期一
委託買進 A 股	成交	扣款		委託買進 B 股	成交		扣款
委託賣出 X 股	成交						入帳

六個步驟，在複委託券商網路下單很簡單

Q 在複委託券商開戶後，透過網路交易好像比較划算？

A 沒錯！接下來就以華南永昌證券網路下單平臺為例，說明下單步驟。

❶ 啟用密碼函，登入華南永昌證券公司官網，下載軟體，並點選「華南 e 指發」

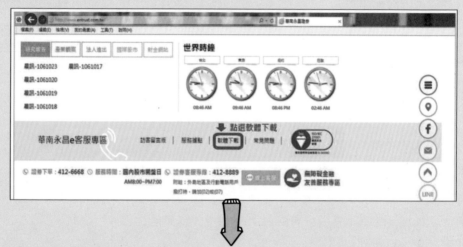

❷ 進入「華南 e 指發」後，就會出現下單視窗，就可以選擇執行各項功能。

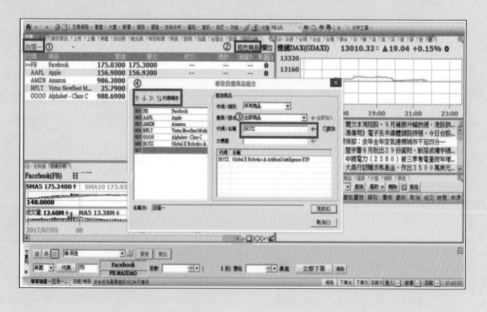

❸ 即時看盤報價、即時顯示技術分析。

　　之後，如果要下單買賣，只要點選相關的欄位，就可以輕易的完成下單程序。另外在同一個頁面，也有個股的走勢圖、以及技術分析等指標可以供下單之參考。如此一來，投資人可以一邊看盤、瞭解價格走勢，一邊掌握時效下單，很是方便。

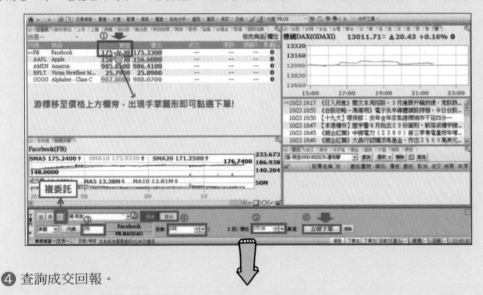

❹ 查詢成交回報。

　　完成下單作業之後，如果成交，會即時以對話框通知；更詳細的交易帳務資料，也有「交易帳務」的圖標可供查詢歷史成交紀錄與交易帳務

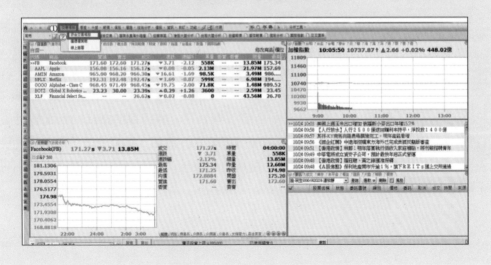

❺查詢「成交回報」，確認交易是否成功。

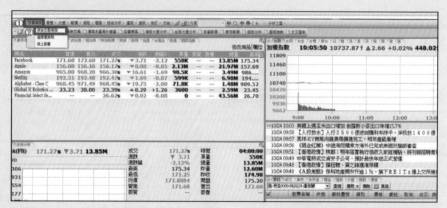

❻有時候，投資人不見得會把手上的持股全數賣光，或者是想知道一段時間後又買進哪些股票？剩餘多少股數？在「庫存查詢」裡都可以確認。

　　複委託交易平臺除了可以下單買賣美股之外，最近很夯的 ETF，也成為臺灣投資朋友最新關注的焦點，自然也成為交投熱絡的標的。關於 ETF 投資的相關介紹，可以參考筆者的另一本專書《3 天搞懂 ETF 投資》。投資朋友除了可以選擇大型 ETF 發行公司所發行的商品之外，一些小而美的 ETF 發行機構也值得留意；例如以新型態 smart beta & covered call ETF 策略見長的加拿大 BMO 環球資產管理公司，其將目前當紅的人工智慧廣泛運用於 ETF 策略之中，就讓人耳目一新，值得喜愛穩建型標的之投資朋友參考。

2 第2天

前進美股，
實戰華爾街！

開戶之後，接下來就要進入戰場了！該選哪些股票？什麼時候進場？什麼時候退場？永遠是讓投資人煩惱不已的重要課題。

為了避免盲進盲出，我們先擬定選股邏輯。除了善用網站選股和蒐集資訊，還可以利用大盤、個股的量價關係及技術線圖，橫掃華爾街！

 第1小時　不會選股就買 ETFs 吧！

 第2小時　買股好幫手！上網尋找你的美股祕書

 第3小時　美股也看量價關係，擬定選股策略進出場

 第4小時　就用技術分析，抓住美股波段買賣點

不會選股，就買 ETFs 吧！

美股種類繁多，若選股造成你的困擾，不妨就買 ETFs；只要抓住大盤漲跌趨勢，也能賺進一桶金。

單元重點

- 指數型基金 ETFs，漲跌和標的指數連動
- 三大指數型基金代號：SPY、DIA、QQQ
- 名為「基金」實為股票，還可以放空

美國散戶最喜歡的投資標的

Q 開了美股戶頭以後，完全不曉得該怎麼買股票，這時候怎麼辦？

A 對於美股新手，量和價霧煞煞，選股也是半想半猜，抓不到投資訣竅就參考 ETFs 這項金融商品吧！ETFs 原文為 Exchange Traded Funds，中文全稱「指數股票型證券投資信託基金」，臺灣簡稱為「指數股票型基金」。

名稱裡有基金、有股票，還有指數，大家應該看昏頭了吧？其實 ETFs 雖被稱作指數型基金，但在美股裡，ETFs 是股票。大家可以這樣想像，有些股票上市公司生產民生用品，有些生產 3C 產品，而被稱作 ETFs 的這類「股票公司」，提供的是「金融商品」。

近年來美國上市 ETFs 的發展如雨後春筍，不只數量大增而且種類繁多，共計發展超過千檔以上的 ETFs。若以 ETFs 投資的市場作為區分，可以分成股票型、債券型、匯率型、原物料型四大類。

ETFs = 一次買很多股票（債券、外幣、原物料商品）

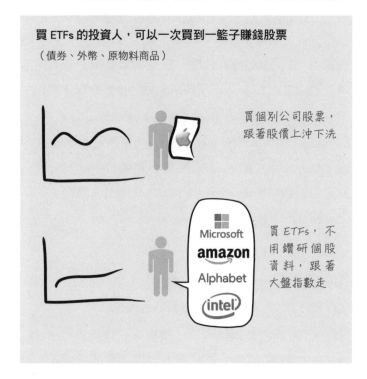

股票型 ETFs 主要投資股票市場，債券型 ETFs 主要投資各種債券，匯率型 ETFs 主要連結匯率或相關指數，原物料 ETFs 則主要投資於商品原物料市場。再細分的話，還包括：追蹤大盤指數的 ETFs，追蹤行業指數的 ETFs，追蹤其他國家股市的 ETFs，追蹤債券市場的 ETFs，以及追蹤黃金價格的 ETFs 等類型。

甚至還有高槓桿操作的 ETFs，像是雙倍看多或看空的 ETFs、三倍看多或看空的 ETFs 等等，選擇相當多樣化。

Q 1000 多檔 ETFs，數量還是很驚人，老師建議從哪裡著手呢？

觀念速解

高槓桿操作

「高槓桿操作」的意思，簡而言之就是「以小博大」。如果是選擇「二倍看多」，價差就是賺二倍或是賠二倍，風險很高，投資人務必小心。

（A）我們這本書教大家操作美股，那就先從追蹤大盤指數的 ETFs 開始買吧！在證券交易所交易的股票，因為採樣或計算方式不同而有各種指數，例如道瓊指數、那斯達克指數、S&P500 指數、費城半導體指數等；而追蹤大盤指數的 ETFs，市價與所追蹤的指數會同步變化。

也就是說，一旦追蹤的指數上漲，這些 ETFs 的市價就會跟著漲；指數下跌，ETFs 的市價也會同步往下跌。如此一來，ETFs 的漲跌就會和指數的走勢直接相關。由於觀察方便，所以 ETFs 在美國很受歡迎，是不少美國散戶喜歡持有的標的。

花小錢，買一籃子賺錢股票

（Q）除了觀察方便，ETFs 還有其他優點嗎？

（A）ETFs 等於是幫投資者一次買進一組股票，例如追蹤道瓊指數的 ETFs，就是買進道瓊指數的成分股，投資組合透明，等於花一點點錢投資一籃子股票。而且，ETFs 走勢與股市同步，投資人不用特別鑽研某檔個股，只要判斷指數漲跌趨勢就可以了，不論是短期、中期、長期，適合各種時間持有，相較之下是最不費力的投資工具。

ETFs 管理費用也比一般股票型基金低，稅賦也低。更特別的是，ETFs 可以看多看空、也可以融資融券，投資方式靈活；投資人能在看好趨勢時融資買進，使獲利大幅提高；也能在看壞趨勢時，趕快出脫持股，待低價時再買回，不用擔心所謂期貨到期的問題。

（Q）ETFs 有缺點嗎？

（A）當然也會有缺點。假設 ETFs 追蹤的指數成分股中，

有一支股票連續大跌，ETFs 不能立即賣掉這支股票，換成正在賺錢的股票。除非指數把這支股票從成分股裡剔除，ETFs 才能隨著指數變動投資組合。

而且，因為 ETFs 緊貼著指數走勢，可能在某段時間內，會出現小幅溢價或折價的情況。

觀念速解

溢價 折價

市價比淨值高，就是「溢價」；市價比淨值低，就是「折價」。

當 ETFs 的市價高於淨值時，買進 ETFs 就要付出溢價；當市價低於淨值時，ETFs 就可以折價買進。

ETFs 的優缺點

優點	缺點
花小錢買一籃子股票，投資組合鮮少更動。	除非指數標的更換成分股，否則成分股績效再差，也不能撤換。
績效貼近指數，投資不費力。	有時會出現小幅溢價或折價。
可以買進放空、融資融券。	風險如同股票操作。
二倍或三倍槓桿操作的 ETFs，獲利時資金倍增。	二倍或三倍槓桿操作的 ETFs，錯估情勢則損失加倍。

Q 股票型基金也是投資一籃子股票，ETFs 和股票型基金有什麼不同？

A 先前提到，雖然 ETFs 被稱作指數型基金，但在美股，ETFs 是股票。投資人只要有證券帳戶，就可以在盤中隨時買賣 ETFs，交易價格依市價即時變動；另外傳統基金不能操作放空，但是 ETFs 可以，因此，ETFs 就如同股票一樣方便又具流動性。

在交易成本方面，由於基金經理人必須非常積極地選股，每月公布選股內容，屬於主動式管理，因此投資人必須分攤聘請基金經理人的費用。相較之下，ETFs 輕鬆簡單許多。ETFs 的選股就是指數成分股，除非成分股的成員有異動，不然 ETFs 追蹤的成分股是不變的，屬於被動式管理，因此通常只需要負擔買賣股票時的交

觀念速解

主動式管理 被動式管理

「主動式管理」是指經理人會視績效，隨時調整選股策略；「被動式管理」則是指按某個原則擬定選股策略後，投資組合的變動性便不大，甚至到很少變動的地步。

易手續費即可。

此外，投資人購買 ETFs 並非期待 ETFs 的操作績效打敗大盤，而是期待與大盤表現同步。ETFs 也會每天公布投資組合，投資過程相當透明；如此一來，投資人只需要安心穩定地賺取指數上漲的報酬率即可。

ETFs 和共同基金的差別

商品別	ETFs	共同基金
買賣方式	如股票一樣，可隨時交易。	每天收市後，依資產淨值定價及交易。
投資管道	透過任何證券經紀商。	透過銀行、基金公司、經紀商。
可否放空	可買進，可放空。	只買進，不可放空。
投資組合	成分股透明化，除非追蹤的指數變動成分股，否則成分股不隨意更動。	成分股不透明，基金經理人視投資績效調整成分股。
交易費用	管理費（較低）。◎買賣交易費	管理費（較高）。◎認購費 ◎贖回費 ◎轉換費

一次買入全美重量級 500 大企業

Q 追蹤指數的 ETFs，比較著名的有哪些呢？

A 在臺灣，最具分量的指數型 ETFs，當屬「臺灣50」（代號 0050）；而在美國，最出名的三大指數型 ETFs，分別為追蹤 S&P500 指數的「標準普爾 500 指數基金」（代號 SPY），追蹤道瓊指數的「道瓊工業平均指數基金」（代號 DIA），以及追蹤那斯達克指數的「那斯達克 100 指數基金」（代號 QQQ）。

Q 請老師先介紹「標準普爾 500 指數基金」，這個 ETFs 有何特色？

A 「標準普爾 500 指數基金」（代號 SPY），縮寫為 SPDRs，是全球第一檔發行的 ETFs。由於 SPDR 的發音和英文的「蜘蛛」（spider）相近，廣告畫面也總是出現一隻吐絲蜘蛛，讓人印象深刻，從此「蜘蛛」就成為它的暱稱。SPDRs 從發行以來，幾乎一直是美國 ETFs 的龍頭股，也是全美資產最高、交易量最大的 ETFs！

SPDRs 以 S&P500 指數為追蹤標的，投資組合和比例完全和 S&P500 指數一樣，每單位的發行淨值設定為 S&P500 指數市值的 1/10。也就是說，投資人只要花上該指數市值 1/10 的金額，就能一次買入全美最重量級 500 大企業的股票組合。

SPDRs 於 1993 年發行上市，當時每單位股價大約 43 美元。從 1993 年到 2022 年的 29 年間，S&P500 指數從 430 點成長至 4800 點左右，SPDRs 也從 43 美元漲到 479 美元，整整漲了十倍！2022 年 8 月之前的最高價，還曾經超過 479 美元！

同樣追蹤 S&P500 指數的 ETFs，比較著名的還有 MDY（此為股票代號），追蹤的是 S&P400 指數；另外還有追蹤 S&P500 金融行業的 XLF（此為股票代號）和 S&P500 科技行業的 XLK（此為股票代號）。

● SPY 基本資料
　追蹤指數：S&P 500
　交易所：紐約證交所（NYSE）
　本益比：19.9（2022/9/27）

「標準普爾 500 指數基金」歷年股價一覽

查詢歷史股價：http://www.cnyes.com/usastock/etfs_price/SPY.html

資料來源：鉅亨網

一次買一籃子大型股、科技飆股

Q 「道瓊工業平均指數基金」的特色和價格呢？

A 「道瓊工業平均指數基金」（代號 DIA）1998 年在紐約證交所上市，暱稱為「鑽石」，追蹤的是道瓊工業指數。我們知道道瓊工業指數的成分股都是美國的 **藍籌股**，也就是所謂的大型股，像是 IBM、微軟、3M、麥當勞、可口可樂、美國運通銀行、迪士尼等等，其中 IBM 占 9% 左右、3M 占 5% 左右、麥當勞占 5% 左右。

「道瓊工業平均指數基金」每單位的發行淨值設定為道瓊工業指數的 1/100，當初掛牌上市時的股價為 77.81 美元，直到 2022 年 7 月，股價已突破 350 美元，股價漲幅超過五倍！

觀念速解

藍籌股

「藍籌股」一詞，源於西方賭場的籌碼，藍色價值最高、紅色次之、白色最低。因此，藍籌股泛指證券市場中，股價最高且流動性大的股票。

● DIA 基本資料
追蹤指數：道瓊工業指數
交易所：紐約證交所（NYSE）
本益比：16.4（2022/07/26）

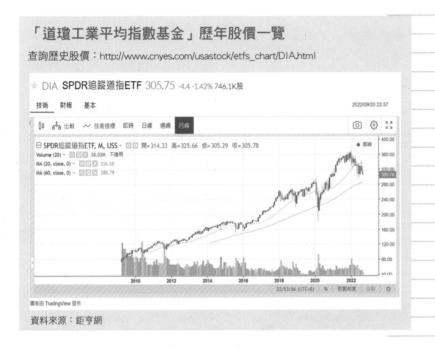

「道瓊工業平均指數基金」歷年股價一覽

查詢歷史股價：http://www.cnyes.com/usastock/etfs_chart/DIA.html

資料來源：鉅亨網

Q 那麼，「那斯達克 100 指數基金」買的是走在潮流尖端的高科技股？目前股價為何？

A 「那斯達克 100 指數基金」（代號 QQQ）於 1999 年在那斯達克掛牌交易，暱稱「邱比」。「那斯達克 100 指數基金」追蹤科技股雲集的那斯達克指數，每單位發行淨值設定為 Nasdaq 100 指數的 1/40。

1999 年上市股價為 29.83 美元，當時正值網路股盛行的階段，股價一度飆到 120 美元；隨後遇上 網路泡沫，股價崩盤，2001 年 4 月股價最低點收在 34.05 美元。之後，在 2008 年金融海嘯時期，更曾收在 25.56 美元，隨後股價起起伏伏，直到 2022 年，股價最高已經突破 400 美元。

● QQQ 基本資料
追蹤指數：那斯達克綜合指數
交易所：那斯達克證交所（Nasdaq）
本益比：22（2022/07/26）

觀念速解

網路泡沫

「網路泡沫」指的是 1995 年後新興的網路股，當時網路股股價被漫天炒作，多數網路公司在把資金燒光後，就停止交易下市，有些公司甚至不曾有過盈餘，直至 2000 年 3 月，那斯達克指數崩盤，這些網路股被拋售，最後如同泡沫一樣消失在股市中！

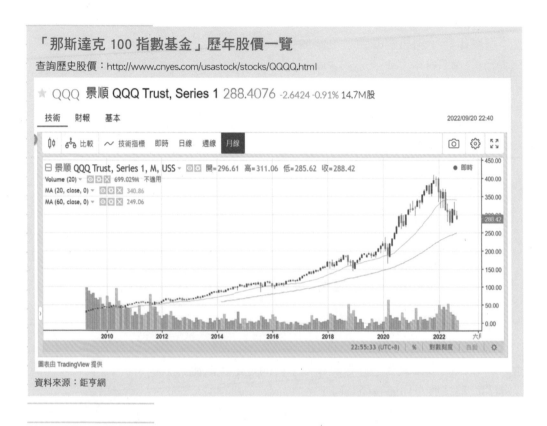

「那斯達克 100 指數基金」歷年股價一覽

查詢歷史股價：http://www.cnyes.com/usastock/stocks/QQQQ.html

資料來源：鉅亨網

用中文看盤，搜尋 ETFs 即時資料

(Q) 哪裡可以找到 ETFs 的中文資料？

(A) 在 Yahoo! 以及鉅亨網等各大入口網站或是財經網站，都可以找到 ETFs 的相關資料。以下以鉅亨網為例，大家可以抱著最輕鬆的心情，嘗試進入 ETFs 的世界。

Step1 進入鉅亨網（http://www.cnyes.com/），點選「ETFs」，就可以看到 ETFs 新聞、今日漲幅排行、熱門 ETF 等豐富資料。

理財	基金 主題投資 理財 固定收益	
美股 ETFs 港股 滬深 國際股 股指 StockQ 日股		

Step2 在「排行版」網頁中的「ETF 排名」裡，可以看到成交量較大的 ETF。

時間	代碼	名稱	成交	漲跌	漲%	開盤	最高	最低	成交量
04:59	DPK	SPDR FINANCIAL SECTR ETF Direxion 每日3倍看空巳開發市場ETF	15.94	0.519	3.3655	15.48	15.95	15.48	39473
06:28	FXF	SPDR FINANCIAL SECTR ETF 瑞郎指數基金	93.95	0.59	0.632	93.79	94.07	93.79	12596
03:59	GWL	SPDR FINANCIAL SECTR ETF Great West Life and Annuity Insurance	31.16	0.19	0.6135	31.15	31.18	31.11	73031
08:56	XLU	SPDR UTILITIES SECTR ETF 道富SPDR公用事業指數基金	55.12	0.24	0.4373	54.8	55.17	54.57	14571905
05:10	FXS	SPDR FINANCIAL SECTR ETF 瑞典幣指數基金	104.45	0.36	0.3459	104.3983	104.45	104.2084	863
05:10	FXE	SPDR FINANCIAL SECTR ETF 歐元指數基金	109.55	0.35	0.3205	109.37	109.6601	109.3	291263
07:09	TLT	ISHARES LEHMAN 20+YR ETF iShares Trust Barclays 20+ year Treasury Bond- ETF	115.02	0.32	0.279	114.41	115.02	114.41	7027204

Step3 點選各指數基金名稱，可以看到該支 ETF 的基本資料、即時報價、技術線圖等資料，也可以看到其所追蹤成分股的產業分布，以及前五大持股。

類型組別：歐洲地區類 單一幣別 ／基準指數：EUR/USD exchange rate　＋自選股

歐元指數基金

FXE	Company	Symbol	Exchange	Last Sale	Change Net / ¢
	Invesco CurrencyShares Euro Currency Trust	FXE	ARCA	109.55	0.35 ▲ 0.32¢

ETF報告書　基本資料　即時報價　技術線圖　歷史股價　持股

Invesco CurrencyShares Euro Currency Trust (FXE)　© quotemedia.com

Last Price	109.55	Last Trade	11/19/18
Tick	—	Volume	291.29k
Change	▲ 0.35	% Change	0.332%
Open	109.37	Prev Close	109.20
Day High	109.6601	Day Low	109.30
Bid	109.27	Bid Size	10000
Ask	109.49	Ask Size	10000
52Wk High	120.650001	52Wk Low	107.470001
E.P.S.	N/A	P/E Ratio	N/A
Ex-Div Date	N/A	Dividend	N/A
Yield	N/A	Shares	2,450,000
Market Cap	268.4m	Exchange	ARCA

Q 剛才老師說，美國股市共有上千多支 ETFs，若想找其他 ETFs 的資料，老師有什麼建議嗎？

A 投資人可以到鉅亨網「ETFs」專頁（https://www.cnyes.com/archive/usastock/ETF/ETFs.htm），運用右下方「Tool 工具」來搜尋資料，因為網頁有做基本的整理，可以減少投資人大海撈針的無助感。

獲利更多、更穩的操作手法

Q 怎樣可以增加投資 ETFs 的績效呢？

A 可以參考雙倍或三倍槓桿操作的 ETFs。透過財務槓桿的手段，讓投資人在資金不多的情況下，放大資金效果。例如二倍看多 ETFs，就是當指數上漲 1%，此類 ETFs 當日應上漲雙倍，變成 2%；三倍看多 ETFs，指數上漲 1%，這一類 ETFs 當日應上漲三倍，變成 3%。

如果投資人看空市場，也有雙倍和三倍看空（看跌）的 ETFs 可以考慮，計算的方式就跟看多（看漲）的 ETFs 一樣，只不過看多變成看空罷了。簡單來說，就是把原本的資金，放大變成二倍或是三倍，如果再加上融資額度，資金放大的效果就更加明顯了。

要提醒投資人的是，投資這類 ETFs，運氣好的話當然是翻倍賺；萬一運氣不好，也是二倍、三倍地賠下去，尤其對於投資新手具有相當的門檻，一翻兩瞪眼的高投資風險，投資人不能不注意！

Q 如果不想提高槓桿操作，那麼有沒有其他安全一點的做法？

A 投資人可以買美股搭配 ETFs，在投資上或許有加分的效果！例如以指數型 ETFs 為核心持股，再搭配買一、二支美股，這樣可以確保一部分的投資績效和大盤連動，不至於因為看走眼而全盤皆輸。

至於搭配的美股，可選藍籌股、強勢股、小型股等等，就看投資人青睞哪一種類型的投資。將 ETFs 和自選美股兩者互相搭配，可以達到分散風險和確保投資績效的結果。關於 ETF 的投資，可以參考另一本專書《3天搞懂 ETF 投資》。

「融資額度」以融資金額來計算，「融券額度」以賣出價金來計算。

假設投資人的信用額度為 20 萬元，他可以向證金公司借 20 萬來買股票；或者是借股票來賣，但賣出的金額不能超過 20 萬元。

「投資績效」泛指投資人投入資金成本後所獲得的結果，例如投資報酬率就是投資績效的一種。

買股好幫手！
上網尋找你的美股祕書

只要交叉並用中英文財經網站，就可以排除「看不懂英文」、「美股資料在哪裡」兩大困擾。

單元
重點

- 怕看英文，鉅亨網中文資訊豐富
- 美股新手，MarketWatch 簡單直接
- 初中級班，CNBC 網站介面人性化
- 美股老手，FINVIZ 網站內容詳盡

鉅亨網：一次搞定企業消息和券商評等

Q 想知道美股的各項消息，非得硬著頭皮去看英文財經網站嗎？

A 投資人不用擔心不懂英文，跟美股有關、重大的財經消息和券商評等，在 Yahoo!、PChome 等入口網站都看得到。不過，若想取得完整一點的資訊，還是要看鉅亨網。

鉅亨網是臺灣是首屈一指的財經網站，提供非常詳盡的美股資訊。由於選項繁多，初次使用時容易「迷路」，若不知道該從何開始，可參考接下來的使用教學。

Q 如果我搞不清楚目前哪種類股比較夯，或是哪些類股比較冷門，該怎麼辦？

A 投資人在選股前，若想先瞭解各類股目前的情勢，可以從鉅亨網的排行榜裡面觀察！不過每個人觀察的角度不同：有人在乎戰績，喜歡從資優生裡找可能是下一個榜首的股票；有人在乎股價，所以找排行榜裡股價最便宜的幾檔股票！

迅速掌握美股今日漲跌

Step1 看美股指數

進入鉅亨網美股頁面，「類股」、「個股」、「多空調查」、「研究報告」和「行事曆」等選項，皆可輔助投資人掌握美股現況。首先看到「類股」頁面，除了道瓊、那斯達克、S&P500 三大指數之外，也顯示美國其他幾個主要類股指數，例如 CBOE 指數、費城半導體指數、AMEX 指數等。

網址：https://www.cnyes.com/usstock

Step2 查個股股價

從鉅亨網美股頁面，點選「個股」，這裡顯示美股主要成分股的報價情況。
網站將個股粗分 19 大項，細分達到 106 小項，資訊非常齊全！

美股主要成份股報價		
華人ADR&在美上市股	華人OTC市場掛牌	ADR套利表
道瓊成份	高科技龍頭	S&P500成份
台灣公司海外發行DR收盤		

美股各產業龍頭股收盤價			
台灣ADR	香港ADR	大陸ADR	日本ADR
造紙	半導體	電腦系統	儲存設備
通訊	光纖	軟體	證券
網際網路	電子商務	金融保險	銀行
消費品	商品	零售	生技
製藥	化學	保健	景氣循環
公用事業	油業服務	天然氣	汽車
航空	運輸	石油	黃金
礦業	台美代工表		

紅色為漲、綠色為跌

從類別裡任何一個選項點選進去，就會出現「個股代號」、「公司名稱」、「成交價」、「漲跌」、「漲跌幅」、「最高價」、「最低價」以及「成交量」，紅色為漲、綠色為跌。

高科技龍頭									2018-11-10
時間	代碼	名稱		成交價	漲跌	漲幅%	開盤	最高	最低	成交量
08:55	CSCO	思科 CISCO SYSTEMS INC		47.11	-1.33	-2.75	48.08	48.25	46.70	22,015,395
08:46	EBAY	電子海灣 EBAY INC		29.63	-0.21	-0.70	29.62	29.95	29.58	8,713,078
07:01	ERIC	易利信 LM ERICSSON TELEPHONEADS		9.01	-0.12	-1.31	9.06	9.07	8.97	8,894,113
08:59	AMAT	應用材料 APPLIED MATERIALS INC		34.28	-0.66	-1.89	34.50	34.63	33.83	11,136,386
07:32	MSI	摩托羅拉 Motorola Solutions Inc		129.65	0.06	0.05	129.42	129.99	127.99	942,608
07:08	NOK	諾基亞 NOKIA CORP ADS		5.87	-0.06	-1.01	5.90	5.91	5.82	11,833,202
23:24	TWX	時代華納		99.03	1.08	1.10	98.41	99.19	98.39	14,038,218

從美股排行榜，「認識」想買的股票

哪一個「類股」最近表現好？

進入鉅亨網美股頁面，再進入「排行榜」，就可以找到「類股排行」資料。我們可以自行選擇排行榜的統計時間，短則一週，長則五年。網站會自動計算，按照我們的要求，分別把漲幅前十大類股和跌幅十大類股顯示出來，讓投資人一目瞭然！

個股排行	ETF排行	ADR排行	類股排行	各類成份股漲跌前10大	盤後交易熱門100

統計區間　三年

三年類股排行榜			2018-1-18
漲幅前十大類股		跌幅前十大類股	
航空公司	294.89%	煤炭	-73.69%
生物科技	143.32%	非鐵金屬	-70.50%
藥物零售商	133.42%	黃金礦業	-66.16%
輪胎	126.03%	採礦	-65.80%
蒸餾酒製造業和葡萄酒商	123.57%	白金和貴重金屬	-48.94%
傢俱設備	119.24%	基礎資源	-39.14%
國防	117.82%	工業金屬和採礦	-33.56%
鞋襪	112.23%	專業不動產投資信託	-30.85%
居家修繕零售商	108.60%	統合石油和天然氣	-17.33%
衛生保健供應商	102.12%	產油設備和相關服務	-15.00%

Step2 哪一個「個股」最近表現好？

另外也可以從「個股排行」這個頁面，選擇想瞭解的「交易所」，再選擇「漲跌幅」來看個股的漲跌資料。

代碼	名稱	成交	漲跌	漲%	成交量	成交值(百萬)
KODK.WS.A	Eastman Kodak Co. Wt	⬆ 0.0400	⬆ 0.0100	⬆ 49.33	1,935	87.00
RIV.R	Rivernorth Opportunities Fund Inc. Rt Wi	⬆ 0.2300	⬆ 0.0500	⬆ 25.83	92,088	20858.00
GCAP	GAIN Capital Holdings Inc.	⬆ 7.3500	⬆ 1.2100	⬆ 19.71	3,190,000	23450000.00
TCF.WS	TCF Financial Corp. Wt	⬆ 2.1500	⬆ 0.3300	⬆ 18.13	13,500	29025.00
AXTA	Axalta Coating Systems Ltd.	⬆ 33.1500	⬆ 4.8100	⬆ 16.97	18,230,000	604240000.00
FIX	Comfort Systems USA Inc.	⬆ 42.4500	⬆ 4.9500	⬆ 13.20	354,541	15050000.00
CMCM	Cheetah Mobile Inc. ADR	⬆ 9.0600	⬆ 1.0100	⬆ 12.55	2,280,000	20690000.00
GASL	Direxion Daily Natural Gas Related Bull 3x Shares	⬆ 21.3000	⬆ 1.9300	⬆ 9.96	154,458	3290000.00
PDS	Precision Drilling Corp.	⬆ 2.5400	⬆ 0.2300	⬆ 9.96	3,980,000	10120000.00

（畫面上方分頁：個股排行 ETF排行 ADR排行 類股排行 各類成份股漲跌前10大 盤後交易熱門100）
（交易所 NYSE　排行榜 漲幅　歷史查詢 2017/10/27　查詢）

Step3 一次看盡「個股」資料

不管哪一種排行榜，點「名稱」下的英文名字，就可以看到個股資料，包括「交易面」、「籌碼面」、「基本面」、「財務面」四個面向。
直接在鉅亨網美股頁面右側，輸入股票代號，可以直達個股頁面。

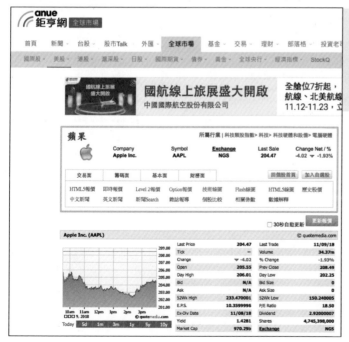

想研究企業經營績效,點選「基本面」之後再點選「公司研究」,連結到闊網 www.quote123.com。

闊網提供的資料中,最重要的是「52 週高低價」,投資人可以知道最近一年這支個股股價變化的範圍,可據此拿捏買進和賣出的價格!此外,還提供粗略的公司簡介、財務分析,簡單的報表讓投資人一點就通,非常方便。

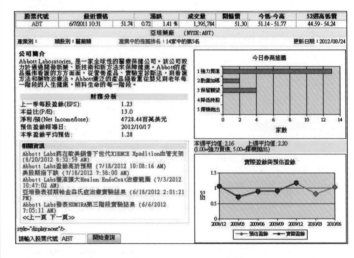

「股票分割」就是把面值較大的股票拆成面值較小的股票,雖然發行在外的股票總數會增加,卻不會影響公司的資本結構。通常股價過高時,公司會採用這種方法把股價降低,讓更多投資人投資該股。

例如:王小姐擁有 500 股嬌生公司(JNJ)的股票,假設公司宣布 2:1 股票分割,王小姐原有的 500 股會變成 1000 股的股票。假設原本一股是 40 美元,分割後的股價也是減半,變成 20 美元。雖然股價變便宜,但股數卻變多,因此總市值依舊不變!

公司將已經發行的股票重新買回,沒有註銷或重新售出,就是「庫藏股」。通常會採取買回庫藏股的措施,一方面是企業認為自己的股價被低估,另一方面讓流通在外的股數減少,也可以刺激買氣。

Q 如果我想取得美股最新消息,例如券商調升調降評等、企業公布財報,哪裡可以得到相關資訊?

A 從鉅亨網美股頁面,點選「行事曆」,就可以看到「企業盈餘財測財報」、「投資評等」、「股票分割與配息」、「初始上市」、「庫藏股」以及「企業日誌」等六個項目。

其中「企業盈餘財測財報」,包含財測和財報各自

的發布日期。投資人可以看到企業盈餘是不是和市場預期有落差？是高於分析師的預期，還是低於分析師的預期？至於容易影響股價起落的「投資評等」，包括評等升級、降級、首次給予評等以及重申相同評等，這裡也都可以看到！

Q 國外券商會怎麼評價股票呢？一樣是給「買進」、「持有」、「賣出」這樣的評價嗎？

A 美國各家券商評等股票的說法不盡相同，甚至有的說法在臺灣也不常見。臺灣常見的評等如「Accumulate 逢低買進」，很少看到的評等則是「Strong Buy 強力買進」、「Top Pick 首選股」這樣強烈的評等。

美國各券商會針對上市企業的生產銷售、公司營收和盈餘、庫存情形、領導人能力等，做出各項評等，也會在每個月或是每季提出新的評等。若上市企業被調升評等，例如從「Hold 持有」變成「Buy 買進」，就是利多消息；被調降評等，從「Average 普通」變成「Sell 賣出」，甚至是「Avoid 避免持有」，就很糟糕了！

尤其當數家券商同時發布賣出警告，對於企業來說是一大打擊！當然，如果投資人有花時間做好基本功課，從基本面選出財務健康的公司，再利用技術分析尋找適合的進出場點，對於券商一時的評論，也無須嚇成驚弓之鳥。

觀念速解

投資評等

各券商會針對重要的個股提出「投資推薦評等」，簡稱「投資評等」，即針對個股提出買進、觀望或賣出等不同的評價和投資建議。

券商評等中英對照表

券商評等：買進	中文翻譯
Top Pick	首選股
Strong Buy	強力買進
Outperform Significantly	表現非常突出

券商評等：買進	中文翻譯
Recommended List	推薦名單
Buy	買進
Overweight	增加持股／加碼
Long-Turn Buy	長期買進
Attractive	具吸引力
Positive	積極
Outperform	超越表現
Market Outperfomer	超越市場表現
Above Average	表現高於平均
Accumulate	逢低買進
Trading Buy	擇機買進

券商評等：中性／持有	中文翻譯
Hold	保留／持有
Neutral	中立買進
Market performer	表現平平
Mkt Perform	與大盤表現同步
Sector Perform	與行業表現同步
Peer Perform	與同業表現同步
Average	普通／中等
Equal Weight	持股觀望
Mean	平均值

券商評等：賣出	中文翻譯
Market UnderPerformer	低於市場表現
Mkt Underperform	低於表現
UnderPerform	低於表現
Reduce	減少持股
Underweight	減少持股／減碼
Sell	賣出
Avoid	避免持有

MarketWatch：美股菜鳥輕鬆上手

Q 每個人選擇股票的邏輯不一樣，有人在乎 EPS，有人則在意 ROE，還有人喜歡看技術分析，總之青菜蘿蔔各有所好。有沒有哪些網站可以提供給投資人選擇美股的方向？

A 以中文網站來說，幾乎沒有針對美股的選股網站，倒是有些英文的財經網站提供的功能相當詳盡。因此，不妨採用英文網站選股，到中文網站閱讀財經資訊，雙管齊下，省時省力也省錢！

如果想要選股，可是不知道該怎麼選？有三個英文網站可以參考看看，分別是 MarketWatch、CNBC，以及 FINVIZ。

Q 我是美股菜鳥，對英文也不是很熟悉，哪一個選股網站比較適合我？

A MarketWatch 網站最適合美股新手！為了協助大家克服英文恐懼感，帶大家瀏覽這個網站，其實用起來真的很簡單。

基本面＋技術面，一次找到目標股

進入網頁後，點選「Investing」，然後再從中選取「Stocks」網址：www.marketwatch.com

CNBC：連臺灣分析師也愛用的財經網站

(Q) 沒有聽過 CNBC 網站，來介紹一下吧！

(A) CNBC 是美國 NBC 環球集團所持有的全球性財經有線電視衛星新聞臺，以報導各地財經頭條新聞以及金融市場的即時動態為主，節目有美國商業報導、美股與商品物價快報、商業領袖的訪談，以及投資專家的評論。也因為 CNBC 專攻財經節目，因此它的收視率和美股表現有相當明顯的連動性。

在 1990 年代晚期和 2000 年代早期，當時美國股市大好，CNBC 的收視率隨著指數一起狂飆。2001 年 CNBC 白天的收視數最多曾達到 33 萬人，當時那斯達克指數來到高點，接著同一年因為發生 911 恐怖攻擊事件，股市重挫，CNBC 收視率不停滑落，直到 2005 年第二季，收視人口才陸續回籠，從每天平均只有 13 萬 4000 人，逐漸增加超過 20 萬人。

這個財經網站提供美國境內各產業股市分析師的評論等，對於要「做功課」的臺灣分析師來說，實用性相當高；對於剛剛前進美股的投資人來說，這個網站也是很好的墊腳石。

(Q) 如果我想瞭解個股的財經資訊，CNBC 網站似乎是個不錯的選擇？

(A) 的確。對於美股新手和只有一點投資經驗的投資人來說，可能沒辦法馬上明確說出自己想要選股的條件，例如是要多少的 ROE？多少的 EPS？哪一種技術分析的型態？是幾天以上的技術分析結果？諸如這些複雜的條件，對股市新手來說可能完全霧煞煞；因此，CNBC 以全面性的角度，呈現個股各項的財經資訊。

Step1

https://www.cnbc.com/world/?region=world

Step2

在右上角 SEARCH QUOTES 打入股票代號（以蘋果 AAPL 為例）之後，會
出現以下的畫面：

如果你想瞭解蘋果最近的收益狀況，可以點選 EARNINGS，就會出現以下的畫面：除了有過往四年的歷史資料可資比較之外，還有未來一年的預測資料可資參考。

EARNINGS TRENDS ● QUARTERLY ○ ANNUAL

Earnings History & Projections

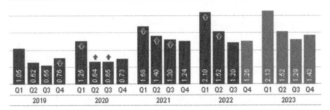

AAPL reported 3rd qtr 2022 earnings of $1.20 per share on 7/28/22. This beat the $1.16 consensus of the 29 analysts covering the company.

Surprise %: --
Surprise: --

■ Actuals ■ Estimates ⬆ ⬇ Surprises   Mouse over chart for more details

GROWTH FORECASTS

Name ˅	P/E (TTM)	P/E (Fwd 12 Mo.)	PEG	1 Year EPS Growth Rate	Next 3-5 yrs EPS Growth Rate
Aapl	25.5x	24.9x	4.44x	2.3%	23.5%
Computer Hardware Industry	24.4x	23.8x	-0.02x	1.9%	23.3%
Technology Sector	25.3x	37.0x	-0.72x	2.5%	25.5%
S&P 500	31.3x	24.0x	-0.22x	12.7%	20.2%

Step4

如果你想看蘋果公司其他的財務報表（例如資產負債表、綜合損益表、現金流量表），可以點選 FINANCIALS，就會出現以下的畫面：

BALANCE SHEET ○ QUARTERLY ● ANNUAL	2021 9/25/21	2020 9/26/20	2019 9/28/19	2018 9/29/18
Cash	34,940	38,052	48,867	25,913
Short Term Investments	27,699	52,927	51,713	40,388
ASSETS				
Cash & Short Term Investments	62,639	90,979	100,580	66,301
Receivables - Net	51,506	37,445	45,804	48,995
Inventories - Total	6,580	4,061	4,106	3,956
Prepaid Expenses	--	--	--	--
Other Current Assets	14,111	11,228	12,329	12,087
CURRENT ASSETS - TOTAL	134,836	143,713	162,819	131,339
Buildings	20,041	17,952	17,085	16,216
Other Property, Plant & Equipment	21,110	18,853	9,075	8,205
Property, Plant and Equipment - Gross	119,810	112,096	95,957	90,403
Accumulated Depreciation	(70,283)	(66,760)	(58,579)	(49,099)
Property, Plant and Equipment - Net	49,527	45,336	37,378	41,304
Other Investments	127,877	102,624	106,698	170,799
Other Tangible Assets	38,762	32,215	31,621	22,283
Other Assets - Total	38,762	32,215	31,621	22,283
TOTAL ASSETS	351,002	323,888	338,516	365,725
LIABILITIES				
Accounts Payable	54,763	42,296	46,236	55,888
Short Term Debt & Current Portion of Long Term Debt	15,692	13,793	16,240	20,748
Other Current Liabilities	55,026	49,303	43,242	40,230

Step5

如果還想看看最近蘋果的有關新聞，就可以點選 NEWS，就可以看到精選的個股新聞了。

SUMMARY　**NEWS**　PROFILE　EARNINGS　PEERS　FINANCIALS　OPTIONS　OWNERSHIP

LATEST ON APPLE INC

- Apple will fix iPhone 14 bug that caused some cameras to shake and buzz 13 HOURS AGO · CNBC.COM
- Apple's iPhone 14 is the easiest to fix since 2016 as 'right to repair' gains steam 16 HOURS AGO · CNBC.COM
- CLUB Monday, Sept. 19, 2022: Cramer says this asset is serious competition to stocks ▶ 19 HOURS AGO · CNBC.COM
- PRO Apple may be seeing a demand split for iPhone 14 models, Bank of America says 20 HOURS AGO · CNBC.COM
- CLUB What Cramer is watching — bond yields up, stocks down as Wall Street on Fed watch 21 HOURS AGO · CNBC.COM

FINVIZ：網站超豐富，8500 檔美股一覽無遺

Q 如果我還不確定想要選擇哪一種類型的美股，有沒有哪一個選股網站，可一次看到所有美股目前的情況？

A 可以去看看 FINVIZ 網站，它的內容包羅萬象，而且相當詳細，8500 多檔美股，一次讓你看個透！由於選項鉅細靡遺，不論專業經理人或是資深投資人，各種需求都可以被滿足。

8500 檔個股排排站，列隊讓你看

Step1

進入網頁之後，選擇左上方「Screener」選項，就會出現下一個畫面。
網址：www.finviz.com

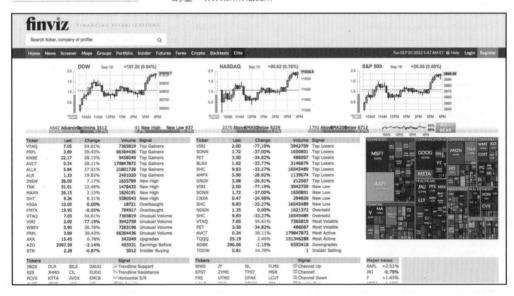

Step2

在「overview」可以看到 8500 多支美股的資料，按股票代號由 A 排到 Z，從公司名稱、產業類別、公司規模、本益比、股價、漲跌幅和交易量等等，皆一目瞭然。想深入認識哪一檔美股，只要點選「Company」下方公司名稱，就可以看到更多資料。

除了「overview」，還可以點選「Financial 財務分析」、「Technical 技術分析」，以及「News 新聞」等 14 種資料，讓你一一檢視。

Overview	Valuation	Financial	Ownership	Performance	Technical	Custom	Charts	Tickers	Basic	TA	News	Snapshot	Maps	Stats

Total: 8504 #1   save as portfolio | create alert   Auto Refresh: 3min | off   Page 1/426

No.	▲Ticker	Company	Sector	Industry	Country	Market Cap	P/E	Price	Change	Volume
1	A	Agilent Technologies, Inc.	Healthcare	Diagnostics & Research	USA	39.67B	29.82	130.72	0.64%	1,059,566
2	AA	Alcoa Corporation	Basic Materials	Aluminum	USA	8.16B	8.80	44.63	5.11%	6,566,960
3	AAAU	Goldman Sachs Physical Gold ETF	Financial	Exchange Traded Fund	USA	-	-	16.61	0.00%	1,064,219
4	AAC	Ares Acquisition Corporation	Financial	Shell Companies	USA	1.24B	38.19	9.93	0.00%	2,520,461
5	AACG	ATA Creativity Global	Consumer Defensive	Education & Training Services	China	58.82M	-	1.82	0.55%	7,302
6	AACI	Armada Acquisition Corp. I	Financial	Shell Companies	USA	215.18M	-	10.39	4.95%	223
7	AACIW	Armada Acquisition Corp. I	Financial	Shell Companies	USA	-	-	0.15	-16.53%	3,831
8	AADI	Aadi Bioscience, Inc.	Healthcare	Biotechnology	USA	272.54M	-	12.70	1.60%	145,922
9	AADR	AdvisorShares Dorsey Wright ADR ETF	Financial	Exchange Traded Fund	USA	-	-	48.03	0.32%	878

FINVIZ 網站選項，中英對照表

Overview	總覽	Charts	線圖
Valuation	評價	Tickers	股票代號
Financial	財務分析	Quotes	報價
Ownership	董監事持股	Basic	K 線圖＋基本資料
Performance	績效表現	TA	K 線圖＋技術分析
Technical	技術分析	News	新聞消息
Custom	客戶來源	Snapshot	重點速覽

FINVIZ 個股資料，中英對照表

Tickers	股票代號	Market Cap	市值
Company	公司名稱	P／E	本益比
Sector	主產業類別（大項）	Price	股價
Industry	次產業類別（細項）	Change	漲跌幅
Country	國家	Volume	成交量

Q 包括個股的財務數據，都能看得一清二楚嗎？

A 假設我們要檢視個股財務分析，就點選「Financial」這個選項，裡頭共有 15 種數據可供參考。

很多投資人對於股息有興趣，可以參考「Dividend」數字大小；「ROE 股東權益報酬率」大於 15 的企業，也可以特別留意。「Price 股價」是吸引投資人目光的焦點之一，看看自己能力所及的個股，不然總關注買不起的標的物，就算該支股票績效再好，也只能搥心肝！

Filters: 0						Descriptive	Fundamental	Technical	All					
Exchange	Any	Index	Any	Sector	Any		Industry	Any		Country	Any			
Market Cap.	Any	Dividend Yield	Any	Float Short	Any		Analyst Recom.	Any		Option/Short	Any			
Earnings Date	Any	Average Volume	Any	Relative Volume	Any		Current Volume	Any		Price	Any			
Target Price	Any	IPO Date	Any	Shares Outstanding	Any		Float	Any			Reset (0)			

Overview	Valuation	Financial	Ownership	Performance	Technical	Custom	Charts	Tickers	Basic	TA	News	Snapshot	Maps	Stats

Total: 8504 #1 　　save as portfolio | create alert　Auto Refresh:3min | off　　　　Page 1/426

No.	▲Ticker	Market Cap	Dividend	ROA	ROE	ROI	Curr R	Quick R	LTDebt/Eq	Debt/Eq	Gross M	Oper M	Profit M	Earnings	Price	Change	Volume
1	A	39.67B	0.64%	12.70%	25.60%	14.70%	1.90	1.40	0.54	0.57	54.20%	23.20%	19.90%	Aug 16/a	130.72	0.64%	1,059,566
2	AA	8.16B	0.90%	6.30%	20.50%	5.00%	1.80	1.00	0.30	0.30	27.90%	12.70%	7.20%	Jul 20/a	44.63	5.11%	6,566,960
3	AAAU														16.61	0.00%	1,064,219
4	AAC	1.24B	-	3.20%	3.50%	-	0.20	0.20	0.00	0.00					9.93	0.00%	2,520,461
5	AACG	58.82M	-	-13.70%	-39.40%	-37.80%	0.20	0.20	0.00	0.00	51.60%	-34.60%	-33.80%	Aug 11/a	1.82	0.55%	7,302
6	AACI	215.18M	-	-2.80%	-2.80%	-	0.20	0.20	0.00	0.00					10.39	4.95%	223
7	AACIW	-	-	-	-	-	-	-	-	-					0.15	-16.53%	3,831
8	AADI	272.54M	-	-90.50%	-103.90%	-77.90%	9.90	9.80	0.00	0.00	92.30%			Aug 10/b	12.70	1.60%	145,922
9	AADR	-	2.49%												48.03	0.32%	878
10	AAIC	92.79M	-	-0.20%	-0.90%	-1.30%	-	-	2.31	4.16	66.30%	16.00%	-5.10%	Aug 09/a	3.12	1.96%	42,476
11	AAL	9.58B	-	-2.80%	23.90%	-1.60%	0.80	0.70			57.70%	-2.20%	-4.70%	Jul 21/b	14.21	3.35%	25,403,160
12	AAME	62.52M	0.66%	0.60%	1.90%	3.20%	-	-	0.32	0.32		2.70%	1.30%		3.04	1.51%	1,411
13	AAN	373.31M	3.70%	3.60%	7.90%	15.10%	-	-	0.43	0.43	58.20%	3.70%	2.90%	Jul 26/b	12.16	-0.41%	507,167
14	AAOI	67.86M	-	-13.50%	-24.90%	-14.30%	1.50	0.70	0.36	0.65	16.00%	-26.50%	-28.70%	Aug 04/a	3.66	-2.66%	5,167,142
15	AAON	3.15B	0.65%	8.40%	12.10%	11.50%	2.40	1.20	0.23	0.23	23.40%	10.40%	8.40%	Aug 08/a	58.33	2.24%	118,675

FINVIZ 財務數據，中英對照表

英文	中文	英文	中文
Dividend	股利	Debt／Eq	負債占股東權益比率
ROA	資產報酬率	Gross M.	毛利率
ROE	股東權益報酬率	Oper M.	營業毛利率
ROI	投資報酬率	Profit M.	淨利率
Curr R.	流動比率	Earnnings	盈餘
Quick R.	速動比率	Change	漲跌幅
LT Debt／Eq	長期債務占股東權益比率		

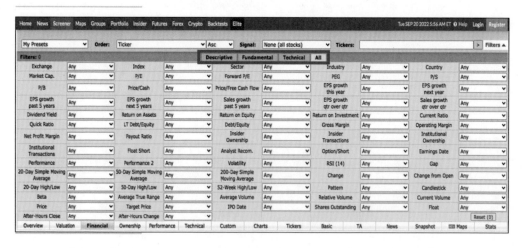

Ⓠ 8500 多檔個股實在太多了，這個網站有提供選股的功能嗎？

Ⓐ 在「overview」上方，網站提供了四種選股速查，包括「Descriptive 公司基本資料」、「Fundamental 財務分析」、「Technical 技術分析」以及「All」，綜合以上三者的全部選項。

投資人可以只針對一種類型，輸入自己想要設定的條件，也可以從「All」裡面看到所有的選項，然後輸入幾個自己想要的條件！

下圖顯示「All」的全部選項，包括交易所、產業類別、本益比、股價淨值比、每股盈餘過去五年的成長率、毛利率、淨利率、RSI 相對強弱指標、移動平均線、成交量、股價等等。投資人不需要每一筆都輸入，只需要選擇自己最在乎或是最重要的數據就可以了。

FINVIZ 選股項目，中英對照表

Exchange	交易所	Index	指數
Sector	產業類別（大）	Industry	次產業（小）
Country	國家	Market Cap.	市值
P／E	本益比	Forward P／E	前一次本益比
PEG	本益比增幅	P／S	股價營收比
P／B	股價淨值比	Price／Cash	股價現金流量比
Price／Free Cash Flow	股價與自由現金流量比	EPS growth this year	本年度每股盈餘成長率
EPS growth next year	本年度每股盈餘成長率	EPS growth past 5 years	過去五年每股盈餘成長率
EPS growth next 5 years	未來五年每股盈餘成長率	Sales growth past 5 years	過去五年銷售成長率
EPS growth qtr over qtr	每股盈餘每季成長率	Sales growth qtr over qtr	每季銷售成長率
Dividend Yield	股利殖利率	Return on Assets	資產報酬率
Return on Equity	股東權益報酬率	Return on Investment	投資報酬率
Current Ratio	流動比率	Quick Ratio	速動比率
LT Debt／Equity	長期負債佔股東權益比率	Debt／Equity	債務占股東權益比率
Gross Margin	毛利率	Operating Margin	營業毛利率
Net Profit Margin	淨利率	Payout Ratio	股利支付率
Insider Ownership	內部董監事持股	Insider Transactions	內部董監事持股變化
Institutional Ownership	法人持股	Institutional Transactions	法人持股變化
Float Short	融券餘額	Analyst Recom.	投資評等
Option／Short	選擇權／放空	Earnings Date	盈餘日期

表格中有個英文縮寫 qtr，找到了嗎？這個字的意思是 quarter，一季。

Performance	績效表現（首要選擇）	Performance 2	績效表現（次要選擇）
Volatility	波動性	RSI（14）	14 日 RSI 相對強弱指標
Gap	缺口	20-Day Simple Moving Average	20 日平均移動線
50-Day Simple Moving Average	50 日平均移動線	200-Day Simple Moving Average	200 日平均移動線
Change	漲跌幅	Change from Open	與開盤相較的漲跌幅
20-Day High／Low	20 日內最高股價和最低股價	50-Day High／Low	50 日內最高股價和最低股價
52-Week High／Low	一年內最高股價和最低股價	Pattern	線型／型態
Candlestick	K 線圖	Beta	貝他值
Average True Range	平均價格波動區間	Average Volume	平均成交量
Relative Volume	最近成交量	Current Volume	目前成交量
Price	股價		

原來選股沒有很難嘛！逛街選股法

「不是不景氣嗎？怎麼沒感覺到不景氣這種事！」Evy 看大夥兒並沒有因為經濟不景氣，就減少喝咖啡的頻率，於是在 2011 年 10 月勇敢進場買星巴克，最後小賺 20 美元出場。

Evy 帶著孩子、媽媽和婆婆，一行四人在紐約逛百貨公司，逛著逛著，就在 Starbucks 星巴克（美股代號：SBUX）幫孩子買了杯果汁，三個大人則是一人一杯咖啡，結帳時店員說：「總共是 16.66 美元，謝謝！」簡單算一下，大約 500 元臺幣。環顧四周，整間店擠到不行，在櫃檯前一直大排長龍！

「不是不景氣嗎？怎麼沒感覺到不景氣這種事！」Evy 回國後，開始查星巴克股價，發現 2008 年 11 月 20 日金融海嘯時股價跌至最低，收盤價是 7.17 美元，之後股價一路攀升。Evy 於 2011 年 10 月勇敢進場，當時股價已經飆漲至 40 美元；沒想到還繼續攀高，到 2012 年 4 月漲到 60 美元，Evy 認為機不可失，小賺 20 美元出場。

逛街選股法也能看出類股營收的榮枯

「原來選股沒有很難嘛！」的確，不少投資人像 Evy 一樣，都是在逛街的時候，發現值得投資的個股。這一類的選股方式，就叫做「逛街選股法」。出門逛街就可以看到營收榮枯的餐飲類股票，除了星巴克之外，還有麥當勞（美股代號：MCD）、可口可樂（美股代號：KO）、必勝客和肯德基的母公司——Yum! Brands（美股代號：YUM）等等。

此外，蘋果（美股代號：AAPL）、Walmart（美股代號：WMT）這些民生消費類股，因為有一群死忠粉絲的支持、或是庶民經濟當道，遇上景氣好時，股價通常漲得快，遇上不景氣的時候，只要企業成本控制得宜，也頗具抗跌性。

所以，不管是投資老手或是看不懂基本面、不知道怎麼選股的新手，都適合用這樣的方式，投資人可以透過產品回頭尋找上市股，也可以發現不錯的投資標的。

心動也要
行動！

今天是 ＿＿＿ 年 ＿＿ 月 ＿＿ 日

我想買的美股是 ＿＿＿＿＿＿＿＿＿＿ ，代號是 ＿＿＿＿＿

想買的原因是：

今天是 ＿＿＿ 年 ＿＿ 月 ＿＿ 日

我想買的美股是 ＿＿＿＿＿＿＿＿＿＿ ，代號是 ＿＿＿＿＿

想買的原因是：

今天是 ＿＿＿ 年＿＿月＿＿日

我想買的美股是 ＿＿＿＿＿＿＿＿＿ ，代號是 ＿＿＿＿＿

想買的原因是：

今天是 ＿＿＿ 年＿＿月＿＿日

我想買的美股是 ＿＿＿＿＿＿＿＿＿ ，代號是 ＿＿＿＿＿

想買的原因是：

美股也看量價關係，擬定選股策略進出場

美股漲跌波動劇烈，下手前搞清楚自己的投資邏輯，就能在量價出現反轉信號時及時出場。

單元重點

- 美股成交量逐漸回復鼎盛時期
- 巴菲特選股重點「價值投資法」
- 挖掘潛力股「CANSLIM 六大原則」
- 看量價，緊記「此一時、彼一時」

新冠肺炎前，日成交量超過 5000 億美元

Q 現在是進入美國股市的好時機嗎？

A 從 2020 年以後，不少美股股價已經翻了一倍，但日成交量卻沒有回到 5000 億以上的水準（美股三大平臺的日成交金額一般在 5000 到 5500 億美元之間）。這和美國前兩次經濟動盪時期很不一樣；1987 年和 2001 年兩次股市蕭條，投資人都在兩年內回復信心，再度投向美股懷抱。這次卻是受到史無前例新冠肺炎的衝擊，一般法人對未來景氣沒有太大信心，擔心經濟再度突然轉壞，因此大多數人抱著「現金為王」的態度，持續對股市抱持觀望態度。

和金融海嘯時期的大盤指數和成交量比較，2021 年以後的美國股市復甦跡象明顯，但在長達近 10 年的多頭行情之後，應注意是否過熱。這對長抱型的投資人來說沒有大礙，但對喜歡炒短線的投資人，想要追高搶進，就得選檔好股票，才不會錯抱金雞母。

Q 有哪些選股策略和原則可以參考呢？

A 以長期投資為主的投資人，要以基本面為依歸，以免突然間股價大幅度變動，投資人因為恐慌而輕易出場，那就違反初衷了。當然，若是基本面有了重大的改變，投資人也要趕快跟著改弦易轍！至於走短線賺價差的投資人，在技術面的指標有變化時，就要趕緊調整，而不是錯過時機，再用「這家公司基本面很好」當藉口，合理化自己住進套房的事實！

多數投資人都有「選對股卻抱不住」這個通病。投資人對自己的選股原則要很清楚，才不會道聽塗說，隨意進出場。要知道美股沒有漲跌幅限制，投資人如果沒有清楚的投資原則和選股邏輯，恐怕得具備很強的心臟，才能負擔得起這樣劇烈的震盪！

觀察切入點，找到向上的好股票

Q 曾聽人說過「由上而下」（Top-down）和「由下而上」（Buttom-up）兩種選股方式，各是什麼意思？

A 所謂「由上而下」選股，是指從趨勢篩選出適合投資的個股；先觀察全球大環境景氣良好，適合進場投資股票，接著從大環境中選擇目前當紅的潮流，從潮流中尋找領導品牌，最後再從領導品牌族群裡，選擇基本面良好的股票。例如現在智慧型手機當紅，因此看好蘋果的投資人可能會去買鴻海，非蘋果陣營的投資人，可能就會選擇三星。

「由下而上」是指先看哪一檔個股基本面佳，卻因大環境景氣不好，股價有較大的跌幅。然後再去觀察這檔個股所屬產業是否仍有前景，接著再從產業面推估景氣回溫之後，這檔個股的股價能否回穩向上？

觀念速解

基本面

泛指企業在財務報表中所提供的數字，藉以評估企業的營運能力。

觀念速解

技術面

泛指投資人或分析師透過演算公式預測未來股價高低的方式。

觀念速解

產業面

從產業結構的角度，觀察企業是否具有競爭力和創新能力。

以美股的投資結構來說，因為參與者多半是公司或是法人機構，再加上金融市場歷史悠久，運作成熟，雖然有時會因為政府政策或總體經濟數據而影響到指數走勢，但比較不會因為外在環境變化而有過分的反應。換句話說，當股價因為大環境不好而大幅度下修時，反倒是挑精撿肥的好時機。

Q 上面介紹的兩種選股法，都適用美股嗎？

A 美國是全球企業的大熔爐，上市公司來自於全球各國，獲利來源不只是美國，還有其他國家或地區的營收；雖然美國不景氣的話會影響一部分營收，但若其他國家的營收持續良好，甚至營收創新高，便有可能彌補在美國市場衰敗的部分。所以，不論是「由上而下」或是「由下而上」的選股方式，都可以應用在美股上。

巴菲特式選股，適合長期持有利滾利

Q 股神巴菲特的價值投資法，也能拿來當作美股的選股策略嗎？

A 巴菲特之所以被稱為股神，正是因為他選對股，而且抱得住！巴菲特的投資原理非常簡單而且清楚，即不以股價短期漲跌為衡量主軸，而是抱持「投資企業」的心態。

他的選股策略被稱作「價值投資法」（Value Investing），中心思想是尋找值得投資的企業，發掘其真正價值，並在價格被低估時出手買進。所以巴菲特重視股東權益報酬率（ROE）、本益比（P／E）和股價淨值比（P／B）。

觀念速解

價值投資法

價值投資法主要觀察個股的基本面，例如高股息收益率、低本益比，尋找被低估的股價，以時間換取最大的利益。

Ⓠ 可以解釋得清楚一點嗎？

Ⓐ 巴菲特有六大投資原則：

❶ 競爭優勢原則：企業的獲利模式是否像可口可樂（美股代號：KO）一般具有獨占性、可持續性？企業的經營是否來自某些特許權，或者擁有精品、名牌、上流社會的象徵等？巴菲特選擇美國運通銀行（美股代號：AXP）便出自這項原則。

❷ 現金流量原則：巴菲特堅持計算企業未來現金流量的折現值（DCF）。因此在財務方面，他把重點集中在以下三大項——高 ROE，五年 ROE 股東權益報酬率需要大於 15%；高毛利率，最近年度的毛利率要高過產業的平均值；高自由現金流量折現值。

❸ 市場價值規律原則：就是危機入市、眾人皆醉我獨醒的體現。巴菲特直言這樣的投資方式在短期投資不一定有效，但在長期投資通常有效。他確實具備危機入市的膽量，才能說出「在別人恐懼時貪婪，在別人貪婪時恐懼」這句投資名言，更被世人奉為進出場的圭臬！

❹ 安全邊際原則：巴菲特選擇基本面好的股票，以及每年稅後淨利 5000 萬以上的大型股，在股價偏低時才進場撿便宜。因為低價時成本低，未來的獲利性就會高！

最後是 **❺ 集中投資** 和 **❻ 長期持有** 這兩個原則：前者是看好某檔個股未來前景，務必下大注，集中火力投資；後者則強調長期複利，靠時間利滾利，獲得最大利潤！

觀念速解

折現值

簡單來説，當公司砸下資金投資一項事業，會計算資金回收的速度，這就是「折現值」。回收速度愈快，折現值愈高。

巴菲特「價值型投資」選股策略

選股原則	選股條件
競爭優勢	· 具獨占性、持續性，如：可口可樂（美股代號：KO） · 經濟特許權，如：美國運通銀行（美股代號：AXP）
現金流量	· 高 ROE，五年 ROE 股東權益報酬率＞15% · 高毛利率，最近年度毛利率＞產業平均值 · 高自由現金流量折現（DCF）： ❶（最近年度自由現金流量÷7 年前自由現金流量）-1≧1 ❷ 市值÷10 年自由現金流量折現值＜1 · 其他： ❶ 最近年度股權報酬率＞平均值 ❷ 7 年內市值增加值÷7 年內保留盈餘增加值＞1
市場價值規律	· 長期投資通常有效 · 在別人恐懼時貪婪，在別人貪婪時恐懼
安全邊際	· 每年稅後淨利 5000 萬以上的大型股 · 選擇股價偏低時進場撿便宜
集中投資	· 贏的機率高時，就下大注
長期持有	· 長期複利，累積財富

Q 巴菲特式選股有什麼缺點嗎？

A 「價值投資法」相當重視企業基本面，因此需要透明而且詳細的財務報表，如果財務報表失真，很容易被誤導。此外，巴菲特喜歡長期持股，一抱可能就是十年，對喜歡賺短期價差的投資人來說，抱股抱十年不是一件容易的事；因此，傾向短線炒作的投資人，就不太適合這樣的選股方式。

CANSLIM 選股，專找潛力股賺價差

Q 除了前面介紹的三種選股策略，還有其他方式嗎？

A 還可以用 CANSLIM 法則選股，這種方式在臺灣比較少見，在美國卻行之有年。這是美國一個著名的基金

經理人威廉‧歐奈爾（William J. O'Neil），針對 500 支績效超越大盤的股票，經過研究之後提出的方法。

CANSLIM 裡每一個英文字母，都代表一個選股概念。威廉‧歐奈爾認為股票好壞，必須檢視公司是否具備成長的潛力，而成長潛力的最大支柱就是基本面；只要基本面良好，即使股價被低估，未來還是會漲回來。所以這個選股方式也被視為是尋找潛力股、強勢股的試金石。

Q CANSLIM 法則每一個字母代表的意思是？

A C 是 Current quarterly earnings per share，即目前每股的季盈餘。威廉‧歐奈爾認為潛力股在飆漲前，每股盈餘通常要比前一年同期的水準成長 20％以上。

A 是 Annual earning increases，代表年盈餘的增加幅度。選擇年盈餘比前一年成長約 25％到 30％以上的股票；或者盈餘年年成長，至少過去三年盈餘連續成長的股票。

N 是 New products，New management，New highs，代表創新。例如新產品、新服務、產業新趨勢，以及新經營策略等。

S 是 Supply and demand，股票供需關係，代表流通在外的股數多寡，就是所謂的「籌碼能量」。他認為股本小的股票，股票流通量小，股本擴張力強，容易被市場炒作，股價波動劇烈，會有較大價差的交易空間。雖然股價容易暴漲暴跌，但是以設定停損點來降低風險。

因此，投資人必須關注量價關係，特別是注意管理階層持股數量較多的公司、實施庫藏股的公司，以及注意「浮動供給量」——就是股票發行總量減去公司大股東的持有數量（就是一般公眾持有量），去深入分析大

觀念速解
潛力股

泛指未來被看好，但是股價還沒飆漲的股票。

觀念速解
籌碼能量

「籌碼能量」也稱為「籌碼」，多數是指數量的部分，例如成交金額、成交張數等等，有時候也會拿來形容投資策略。

觀念速解
浮動供給量

「浮動供給量」指的是股票總量減去公司大股東的持有量後，剩下來的股票數量，投資人再從這裡觀察成交量的漲跌流動情況，判斷量價關係。

股東持股占有率及流通在外的股數多寡。

L 是 Leaders，代表領先股、強勢股或產業龍頭股，選擇「RSI 相對強弱指數」> 80 的股票。他認為選股應該是從同行業股票中，績效表現最好的二、三支股票中進行挑選。

I 是 Institutional sponsorship，代表法人機構的持股百分比，就某種層面來說，代表法人的支持度。因為公司戶和法人在投資前，會對股票未來的走勢深入研究，因此，法人的選股標的具有市場主導作用。

M 是 Market direction，代表股市量價變化就是所謂順勢而為，要選擇和大盤走勢一致的股票。他認為當股市已有相當程度的漲跌時，其中四分之三的股票會呈同向的漲跌反應；所以，投資人必須掌握股市每日的價格與成交量之間的變化。

Q CANSLIM 法則有什麼缺點嗎？

A 威廉‧歐奈爾認為，根據 CANSLIM 法則所選出的股票，在多頭行情時，美股中大約有 2% 會符合這樣的選股模式，其中的 2/3 可以獲利了結；不過，一旦錯估大盤情勢，未能即時意識到多頭轉變為空頭行情時，這些股票約有七、八成將隨勢沉淪。

所以，投資人必須學會研判大盤是處於多頭或是空頭行情，才不會因為錯估行情而慘賠出場！此外，CANSLIM 法則強調投資股本小的潛力股，其間藏有較大的風險不得不注意。因為股本小的公司很容易被炒作，因此股價很容易暴漲暴跌；很多時候，當股價下跌時，不少投資人會想進場撿便宜，但投資人如果不清楚股價下跌的原因為何而貿然進場，可能變成偷雞不著蝕把米，財富愈攤愈「貧」的窘境。

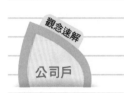

觀念速解

公司戶

只要是用公司自有資金投資的就是「公司戶」，例如：公司自己成立的退休基金專戶。

觀念速解

獲利了結

獲利了結＝見好就收，當股價上漲，投資人賣出持股賺到價差，就是「獲利了結」。

用均線觀察成交量，均線以上適合進場

Q 有沒有可能從大盤的量、價，研判現在適不適合進場、退場？

A 首先要提醒投資人，在看線圖的時候，別以為是一個指數搭配一個成交量，因為「指數」跟「成交量」是兩個不同的概念！目前為人熟知的指數，是根據美股三個主要交易所裡面的成分股，以不同的條件及方式編製出的；而只有證券交易所才會有股票成交量。

再來要提醒投資人，不論是大盤成交量，還是個股成交量，量的數值大小沒有絕對，它是相對的！因為每個時期的景氣不同，空頭市場和多頭市場的交易量大小也不一樣，因此沒有絕對高低的數值可言。保守的投資人可以用半年（半年線）和一年（年線）的均值來觀察，積極一點的投資人可以用月線來觀察。

從年線、半年線、季線、月線的排列組合，我們可以研判股市處於「多頭」時期還是「空頭」時期。簡單來說，一檔股票的價格會隨著時間不同而變動，以多頭市場為例，同一檔股票買的人愈多，股價愈上漲，平均起來的股價就會呈現上揚的情況。而時間愈長的均線，代表投資人持有股票的時間愈長，如果平均股價低，代表所花的成本低；時間愈短的均線，代表投資人持有股票的時間愈短，如果平均股價較高，代表所花的成本相對較高。

相反地，在空頭市場來說，時間愈長的均線，股價愈高，代表股票持有時間愈久，所花的成本愈高；時間愈短的均線，股價愈低，代表股票持有時間愈短，所花的成本愈低。所以，投資人可用「成本」的概念來瞭解月線、季線、半年線和年線的意義了。

多頭市場	時間長的均線，股價低，成本低
空頭市場	時間長的均線，股價高，成本高 時間短的均線，股價低，成本低

Ｑ 美股的量價與臺股不一樣，當股價上漲時，量沒有很大，下跌時反而成交量增加，為什麼？

Ａ 其實美國股市和臺灣股市的結構不同。以臺灣來說，外資法人資本雄厚，加上臺股又有漲跌幅限制，因此外資法人如果大量進出場，就足以操縱散戶生死。而美股的成交量遠比臺股大很多，當金融海嘯的舊傷還沒完全復原，歐債風暴也尚未落幕，因此，指數下跌時，很容易激起投資人「賣股保命」的危機意識，一有明顯的風吹草動，投資人會有群起效應，選擇賣股換現金。

美股成交量下降，和美國的銀行股有很大的關聯。原本銀行股占成交量的大宗，但在金融海嘯時期，多數銀行股股價狂瀉，幾乎都在五塊美元以下，但金融股經過這十多年體質的改善，以及更多新興產業的出現，讓整體資金歸位，美國股市的日成交額逐步擴大。

此外，法人和公司戶都有停損機制，當股價跌破預設的金額，電腦會自動賣股以停損，當第一家公司賣Ａ股，造成股價下跌，跌到第二家公司預設的賣股價格，第二家公司也會自動跟著賣Ａ股，接著第三家公司、第四家公司……所以，才會當股市下跌時，成交量很容易大增就是這個道理。因此，投資人不能只看總成交量，也要注意相對高低；我們無法預測未來是不是還會有大行情出現，但至少可從相對高低來判斷進出場的時機。

「量」代表的是股市熱度、投資信心

Q 在臺灣，很多投資人會注意股市的量價關係，美股也適用量價分析嗎？

A 臺灣金融市場對於「量」、「價」的觀念，其實是從美國金融市場傳過來的！因此用這兩個參數來衡量美股的熱度，非常恰當。

通常股市的「量」，代表的是股市熱度──成交量多，代表願意買和願意賣的人多；成交量小，代表想要買和想要賣的人少。從成交量就可以知道現在股市的交易是否熱絡？如果交易熱絡，代表投資人對股市比較有信心，願意把資金放在股市中，這時股市在多頭時期；如果股市交易清淡，顯示投資人看壞股市前景，自然不會把資金放在股市中，相對成交量也比較低，這時候就是空頭時期。

成交量的多寡，等同於投資人信心程度的高低，不過，成交量的多寡，不一定會和股價成正比。

Q 為什麼成交量不會和股價成正比？

A 我們常聽到「量先價行」這個股市用語，講的通常是「量增價漲」和「量縮價跌」這兩種現象。通常「量增價漲」時，投資人認為股市比較好賺，會追逐股價，即使一漲再漲還是有人願意買。因此，當成交量增加，伴隨股價上揚，代表該股買氣很強，後勢仍有上漲空間。

當投資人認為股市沒有甜頭了，就會把資金轉到別的地方，例如債券市場。股票不再受投資人青睞，沒有資金挹注，於是成交量萎縮，股價自然就會下跌，這就是「量縮價跌」的情況。當成交量減少，股價下跌，投資人要注意兩種情況：一種是股價處於剛開始跌的時候，

很有可能繼續跌下去；另一種是股價已經跌了一段時間，投資人要注意底部有可能出現的時機。

量增價漲（正比）	通常屬多頭市場 量價同步，代表投資人對於股市前景有信心，交易量因此增多
量縮價跌（正比）	通常屬空頭市場 量價同步，代表投資人對於股市前景缺乏信心，交易量因此減少

量價同步的代表意義

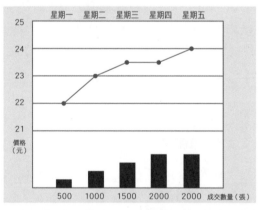

狀況 1：量增價漲

交易熱絡的情況下（量增），個股股價同步走高，代表投資人對這支股票有信心

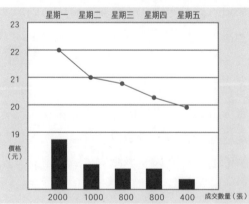

狀況 2：量縮價跌

交易清淡的情況下（量縮），個股股價同步走低，代表這支股票乏人問津

看準「量價不同步」反轉訊號

Q 股價和成交量不會只漲不跌，也不會只跌不漲，量價成反比時，投資人該如何解讀？

A 不論個股股價是被追高還是殺低，時間久了，「量」、「價」總是會有止步、疲乏的時候。對投資人來說，量價正向同步的跡象很好判斷，市場氛圍也很容易感受得到；但是，當量價不同步，呈反向變化時，往往不知道該如何判斷。

以「量增價跌」的情況來說，成交量有增加（代表交易熱絡），股價卻下跌。建議投資人視以下兩種情況，決定應變策略：❶如果股價剛開始下跌，後續有可能繼續跌，這時最好保持觀望，不要急著進場；❷若該支個股已經下跌一段時間，但成交量起來了，就是俗稱的「下殺有量」，代表有些法人認為股價夠便宜，已經開始默默進貨，投資人便可以考慮逢低承接。

至於「量縮價漲」，當成交量減少，股價仍繼續上漲，表示股價漲到這個地步已經有點貴了，願意在這個價位買進這支股票的人愈來愈少，這就是俗稱的「上漲無量」。若出現量縮價漲的現象，顯見買氣不足，後勢多半有下跌壓力，這就是反轉信號。投資人如果在此時貿然進場，恐怕只有追高的份，最後住進套房。

量增價跌（反比）	個股剛開始下跌，即使有量，由於後續可能跌更深，勿貿然進場 個股已跌一段時間，仍下殺有量，法人已經開始進貨，投資人可考慮逢低承接
量縮價漲（反比）	個股股價上揚，成交量開始萎縮，表示買氣不足，後勢有下跌壓力，投資人勿再進場

量價不同步的代表意義

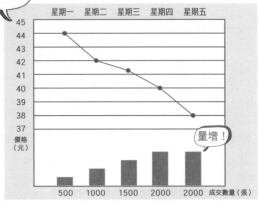

狀況 1：量增價跌

交易熱絡的情況下（量增），若個股股價偏高，先賣掉持股比較保險

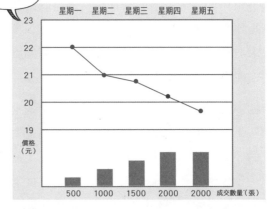

狀況 2：量增價跌

交易熱絡的情況下（量增），若個股股價偏低，可逢低承接

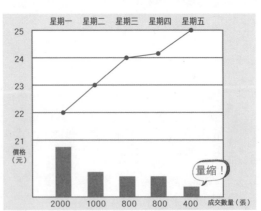

狀況 3：量縮價漲

交易清淡的情況下（量縮），若個股股價仍飆高，可能有人炒作

Q 有時候在漲跌之間，會出現漲不動或是跌不動的情況，該如何解讀和應對？

A 遇到這種情況，多半代表股價準備反轉了！漲不動或是跌不動，可以再細分為「量平價漲」、「量平價跌」、「量平價平」、「量增價平」、「量縮價平」五種情況。

當交易量維持不動時，股價的漲跌就值得我們再三推敲。例如當股價持續上漲，成交量卻沒有同步增加、出現持平的時候，表示買氣已經停滯，漲勢可能即將終止；遇到這種「量平價漲」的情況，投資人應該見好就收，選擇在此時將股票出脫、獲利了結。

相反地，若遇到「量平價跌」，則有兩種可能性。若股價剛開始下跌，成交量平平，代表股價可能會再跌下去；若股價已經跌了一段時間，期間成交量沒有太大變化，則這支股票可能還在盤整。此外，若成交量和股價皆沒有明確漲跌方向，也就是「量平價平」，建議投資人最好抱持觀望態度。

Q 若遇到股價漲不動、跌不動的時候，這時又該怎麼辦呢？

A 當價格不太變動的時候，投資人就要觀察成交量，此時成交量往往暗藏玄機！

舉例來說，如果個股股價跌了很久，突然有段時間價格不太變動，成交量卻持續或突然放大，像這種「量增價平」的現象，有可能是止跌回穩的徵兆，可能法人正在進貨，才會有成交量擴大的局面出現。遇到這種狀況，投資人可以考慮跟進買股。

相反地，如果個股股價漲了一段時間後，才出現「量增價平」的現象，很有可能法人已經開始出脫持股，且

觀念速解

出脫

常常聽到「出脫持股」一詞，「出脫」就是賣股的意思。

觀念速解

盤整

當股價有漲有跌，但是漲勢或是跌勢的趨勢不明確，稱為「盤整」。

觀念速解

進貨

常常用來形容買方像是到工廠進貨一樣，大批大批地買進股票。

散戶承接的量有限，買氣不足，造成股價漲勢止步，投資人應該趕快賣股才是。

最後看到「量縮價平」，這也是反轉信號！如果股價上漲有一段時間，近來股價不太漲，成交量又萎縮了，代表高點已經出現，投資人應該快點出場。另一種「量縮價平」，發生在股價已經下跌一段時間之後，這時候則會被視為底部逐漸成形，投資人倒是可以進場撿便宜了。

五種訊號表示股價準備反轉

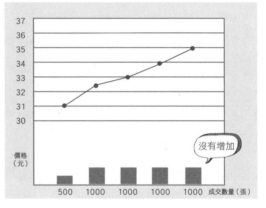

狀況 1：量平價漲

景氣停滯，投資見好就收

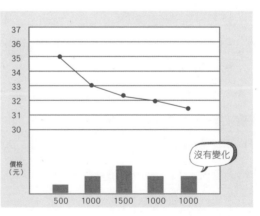

狀況 2：量平價跌

股價持續下跌，成交量沒變化

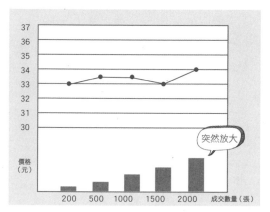

狀況 3：量增價平

股價變動不大，但成交量熊熊增加，法人在進貨

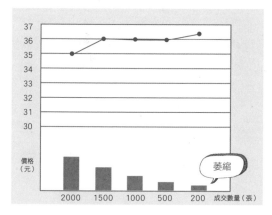

狀況 4：量縮價平

股價維持不動，成交量變小了

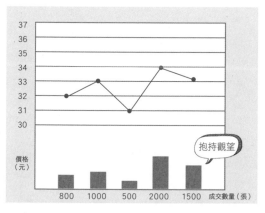

狀況 5：量平價平

股價與成交量同步表現，投資人保持觀望

量平價漲	買氣停滯，漲勢可能即將終止，見好就收
量平價跌	跌勢初期，後勢會再跌 跌了一段時間，成交量無變化，即為盤整現象
量平價平	抱持觀望，不宜進場
量增價平	低檔區：若下跌一段時間，可能止跌回穩，反彈信號，可考慮買進 高檔區：若上漲一段時間，可能急轉直下，反轉信號，可考慮賣出
量縮價平	在長期漲勢中，代表高點可能出現，反轉信號，宜逢高賣出 在長期跌勢中，代表底部可能成形，反彈信號，可逢低買進

（相關資訊可以參考另一本專書《3天搞懂技術分析》）

久漲久跌的景氣循環股，只適合老手

景氣循環股的特色是，當景氣好的時候，股價可以一漲連漲好幾年；但是景氣衰退時，股價也有可能下跌或是不動如山好幾年。

景氣循環股大多是指產業在成熟期和衰退期之間，不停擺盪循環；但循環週期卻不一定能夠明確說出是多久，通常是以年為計算單位。景氣循環股不像一般的產業類股，營收和股價表現可以以月、季來觀察，若要觀察景氣循環股的業績好壞，依照市場經驗來看，短則四年，長則七年也是常有的事。

營建股：觀察開工率及銷售率

以營建類股來說，投資人要注意的是定期公布的經濟數據，包括營建房屋建築許可、新屋開工率（建商從官方取得建築許可，到實際開工建造房屋，大概有半年的觀望猶豫期）、新屋銷售率、成屋銷售率等。

值得注意的是「成屋」的定義，它泛指只要不是一手屋，就會被視為是二手屋。簡單來說，即使才買了一天的新房子，隔天就轉手，雖然屋齡只有一天，它還是會被視為是成屋。因此，投資人在參考這些總體經濟指標時，必須瞭解這些指標的定義，才不會望文生義、錯估形勢。

海運股：觀察各種噸位運費波動

以海運類股來說，投資人要注意船運指數的波動情況，包括：BDI 指數、BCI 指數、BPI 指數以及 BSI 指數。其中 BDI 指數是「波羅的海綜合指數」，BCI 指數是「波羅的海海峽型運費指數」，這兩種牽涉到不同噸位、不同載量的價格波動所形成的指數，最受到重視。船運指數可說是經濟的先行指標，除了可以用來觀察海運股的榮枯之外，還可以藉此預測未來景氣是否好轉。

仔細來看這四項船運指數，包括船隻噸位、運送內容及其意義都不太一樣。

為何船運指數可預測景氣榮枯？

簡單來說，假設原物料需求增加，代表各國對運送原物料的貨輪需求也會增加。如果運費漲價，漲幅超過油價成本，船務公司就可以維持、甚至提高獲利，這時候 BDI 指數就會上漲，也帶動海運股的股價。

假設原物料需求增加，但是貨輪供給也跟著增加，導致船運公司為了

船運指數及其意義		
船運指數（英文）	船運指數（中文）	意義
BDI 指數 （Baltic Dry Index）	波羅的海乾貨散裝船綜合運費指數，簡稱波羅的海綜合指數	由 BCI、 BPI、 BSI 三項指數，各占 1/3 權重的綜合指數，反應散裝原物料的運費指數。 先行指標，可預估海運景氣。
BCI 指數 （Baltic Capesize Index）	波羅的海海峽型運費指數	船隻噸位：8 萬噸以上 主要運輸貨物：焦煤、燃煤、鐵礦砂、磷礦石、鋁礬土等工業原料
BPI 指數 （Baltic Panamax Index）	波羅的海巴拿馬型指數	船隻噸位：5 萬至 8 萬噸 主要運輸貨物：民生物資及穀物等大宗物資
BSI 指數 （Baltic Supramax Index）	波羅的海超輕便極限型運價指數	船隻噸位：5 萬噸以下 主要運輸貨物：磷肥、碳酸鉀、木屑、水泥

搶市場，只好降低運費搶客源，破壞運費市場機制，BDI 指數就會下跌，海運股當然也會跟著跌！所以，運費的高低和原物料的漲跌，都會影響 BDI 指數，而前者更是影響 BDI 指數走勢的關鍵。

舉例而言，2008 年上半年經濟大好之際，船務公司大量訂造新船，等到 2009 年開始陸續交船，供過於求，業者開始削價競爭；再遇到金融海嘯、景氣大反轉，導致代表運費的 BDI 指數，持續低檔震盪。如此看來，散裝航運業營運狀況與全球經濟景氣榮枯、原物料行情高低都是息息相關，因此，包括瑞士銀行及美林證券等許多銀行，都視為這項指數為景氣榮枯的一項指標。

景氣循環股，務必重視油價波動

此外，國際情勢、外交政策、天災人禍、油價漲跌等，都會影響運輸業的成本。因此，投資人如果選擇投資景氣循環股，除了需要注意國際政經動態，還要關心油價的波動。至於其他觀察指標，還可以參考「AMEX 航空指數」以及「道瓊運輸指數」。前者針對航空的部分；後者則包含 20 家將貨物由甲地運往乙地的美國企業股價變化，計算基礎包括：鐵路、航空及卡車運輸公司，這兩個指數也是不少投資人將其視為衡量目前經濟活動的重要參考指標。

「不怕沒賺頭，只怕套太久」是不少投資人的痛！由於景氣循環股的循環週期較長，因此比較適合有經驗和有閒錢的投資老手；至於沒有太多資金及投資經驗的新手，如果想參與景氣循環股，可能需要多點運氣、多做點功課，才不會搭錯行情列車！

天災人禍概念股，資金避險與災後重建

俗話說「天有不測風雲，人有旦夕禍福」，這樣的俗諺也可以印證在股票市場中；敢冒險的投資人，就會選擇危機入市，逢低搶進「天災人禍概念股」！

天災人禍會引起人民恐慌

從 911 恐怖攻擊、美伊戰爭、歐債風暴、農糧危機、通膨升溫、北非中東茉莉花革命、日本 311 大地震、卡崔娜颱風等等。在恐慌之中，一般人會有「末日」心理，這時候「現金為王」的理財心態就會出現，導致股市重挫。但是，敢冒險的投資人，就會選擇危機入市，逢低搶進「天災人禍概念股」。

通常包括能源類股、原物料、貴金屬、鋼料、水泥、煤礦等有關災後重建概念的股價會紛紛飆漲！房地產類股（擔心買到地震帶的房屋，或無端受到恐怖攻擊）與金融類股（存款戶提領金錢應急，導致存款數額減少，銀行可貸放資金變少；還有災後鉅額保險的理賠問題等）都受到牽連，股價因此下跌！以 911 恐怖攻擊為例，第一個股價大跌的是航空運輸類股。撞毀的四架民航機、受難的乘客及世貿大樓毀損相關的保險理賠，金額超過 300 億美元。此外，民眾不敢搭飛機，擔心成為下一個攻擊目標，航空載客量大減，兵險費用同時提高，觀光業也因此蕭條。民眾害怕搭乘飛機的安全性，也擔心恐怖分子空投炸彈引發戰爭，當然也沒有人敢買房子，房屋市場也因而深受其害。

911 的恐怖事件，美國隨即反擊，戰備原油需求大增，油價與能源類股上漲。加上民眾的通膨預期心理下，黃金價格也大漲，甚至居高不下！此外，重大災難事件會提升醫療用品和藥品的使用量，醫療保健類股股價因而看漲。最後，災後必須重建，鋼筋、水泥等原物料需求大增，原物料類股因此受惠。

這一類概念股，除了「實質需求」之外，還有一個重要的因素會影響股價表現，那就是「信心」！在需求為基底的情況下，如果投資人信心不足，賣股求現，股價會下跌；一旦投資人恢復信心，當初不是因為基本面不好而慘跌的個股，就會陸續回漲到原先的股價水準。

相對地，當需求消失時，原本大漲的個股，也會因為投資人恢復理性而重新回跌到應有的價格！

就用技術分析，抓住美股波段買賣點

技術分析是從「價格」和「交易量」的變化，演變出各種指標以及圖表形態因此使用技術分析選股或者找尋買賣點，相對也會準確許多！

單元重點

- 不能用一種技術指標評斷市場交易力道
- 並用趨勢與擺盪指標，觀察不失準
- 參數長短影響指標敏感度

MA 移動平均線，觀察每日收盤價變化

Q 什麼是技術分析？

A 技術分析主要分成兩大類：**圖形分析**與**指標訊號**。圖形分析就是研究走勢圖的支撐壓力線與盤勢變化；指標就是線型的交叉變化，呈現買進或是賣出的訊號，這可以從趨勢指標（Trend-following indicators）和擺盪指標（Oscillators）兩者來觀察。通常，趨勢指標用來確定趨勢的延續性，這類的指標屬於確認性質的落後指標，例如 MA 移動平均線、MACD 指數平滑異同移動平均線、DMI 趨向指標、ADL 騰落指數等等。

　　至於擺盪指標，它的數值會在某個範圍內波動，如果擺盪指標顯示上升趨勢減緩，代表股價上漲的動能可能停頓，接著可能反轉向下。相反地，如果擺盪指標顯示下跌趨勢正在減緩，代表股價下跌的慣性可能終止，並且慢慢反轉向上。這種功能，是在判斷股票是否被超買或超賣，屬於短期趨勢強弱訊號，例如 RSI 相對強弱指標、KD 隨機指標、BIAS 乖離率等等。

Q 投資人在研判大盤和個股的趨勢時，一定要同時搭配兩種技術分析作為指標嗎？

A 絕對不能單憑一種技術分析指標就斷定市場未來的走勢，一定要同時使用二到三種技術分析指標比較安全！此外，如果投資人利用網路選股的話，網站也會同時提供多種技術分析的選項，讓投資人選擇；因此，投資人要瞭解各種技術分析的意義，以及最基本的代表多頭的黃金交叉，和代表空頭的死亡交叉圖形的樣貌，如此一來，才能有推演預測股價走勢的效果！

Q 什麼是 MA 移動平均線？

A 投資人一定要認識「MA 移動平均線」。MA 移動平均線是將某幾天的股票價格，平均之後將各點連成一線。例如以 10 日移動平均線為例，將第一天到第十天的十個收盤價，加起來之後再除以 10，如此一來，就可以得到第一個 10 日平均價；再將第二天到第 11 天的收盤價，也是加總起來除以 10，就可以得到第二個 10 日平均價；以此類推，就可得到無限個 10 日平均價，全部連成一線，就是 MA 移動平均線！

Q MA 移動平均線有什麼優點？

A 它可以瞭解某一段時間的平均成本，透過每日收盤價的變化，能讓投資人明白現在的股價是在平均值以上還是平均值以下？一般來說，如果股價在平均值之上，代表市場有買進的力道，行情看好，所以目前的股價才會高於平均值；相反地，股價處在平均值以下，代表市場不看好個股，所以紛紛求售，導致股價愈來愈低，低於平均價，顯示行情看淡。

觀念速解

**黃金交叉
死亡交叉**

當股價即將反轉，呈現在技術線圖上，就會看到短、中、長期指標的線型上下交錯而過。

若是短天期的均線「由下往上」突破長天期的均線，稱為「黃金交叉」，這是買進信號；相反地，若短天期的均線「由上往下」跌破長天期的均線，稱為「死亡交叉」，則是賣出信號。

Q 如何用 MA 移動平均線觀察大盤是多頭？或者是空頭？

A 移動平均線分為短期、中期、長期，時間的長短攸關線圖的敏感度，時間愈短愈敏感！以觀察美股來說，通常以 5 日或 10 日移動平均線觀察短期走勢；10 日、20 日移動平均線，觀察中、短期走勢；30 日、60 日移動平均線，觀察中期走勢；13 周、26 周移動平均線，研判長期趨勢。

美國投資專家葛藍碧（ Gravlle Tosoph ）研究與試驗移動平均線後，認為 200 日移動平均線最具代表性，因此，美國的投資機構非常看重 200 天長期移動平均線，多數以此作為長期投資進出的依據！如果現在的股價在長期移動平均線下，屬空頭市場；反之，則為多頭市場。另一種評估的方式，則是以周線、月線、季線和年線的排列順序來觀察。

均線＋ MA 移動平均線，判斷股價趨勢
★當 MA20 ＞ MA60 ＞ MA200 表示多頭排列

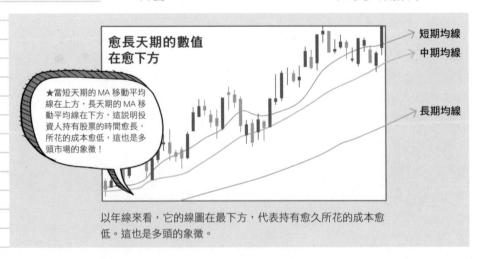

以年線來看，它的線圖在最下方，代表持有愈久所花的成本愈低。這也是多頭的象徵。

★當 MA20 ＜ MA60 ＜ MA200 表示空頭排列

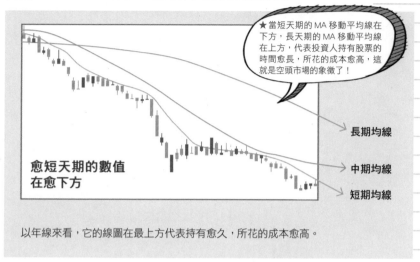

以年線來看，它的線圖在最上方代表持有愈久，所花的成本愈高。

Q 怎麼觀察 MA 移動平均線是買進訊號或是賣出訊號呢？

A 當短天期和長天期的平均線，紛紛由下逐漸往上延伸，形成交叉時，俗稱「黃金交叉」，這就是買進訊號！相反地，當短天期和長天期的平均線，紛紛由上逐漸往下延伸，形成交叉時，俗稱「死亡交叉」，這就是賣出訊號了！

看到買賣訊號時，投資人要觀察股價現在的位置在哪裡。如果在多頭時期，均線呈現上揚局勢，就算沒有發生黃金交叉，但股價在各條均線以上，就可以買進；此時，又發生黃金交叉，顯示買盤力道明顯。相反地，在空頭時期，均線呈現下墜情況，當股價在均線的下方時，投資人得要趕緊退場；尤其又發生死亡交叉，更是賣出訊號！如果死亡交叉發生一段時間了，這時股價又慢慢開始往上爬，或許是買進的時機，但最好等到股價高於均線以上再買進，比較保險！

此外，如果現在的股價處於下跌狀態，但是，長期
移動平均線緩慢上升，中期移動平均線是下跌情形且較
陡，表示賣壓出現。通常是暴風雨前的寧靜，因此也是
賣出訊號。另一種情形是現在股價仍在下跌，但是長期
移動平均線是下降趨勢，中期移動平均線是較陡的爬升
情形，代表個股有強力買盤，象徵春燕來了，因此會是
買進訊號。

★黃金交叉，買進訊號

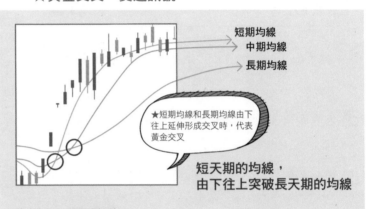

黃金交叉，是買進訊號
代表股價從谷底翻轉向上，這就是黃金交叉，也是買進訊號。

★死亡交叉，賣出訊號

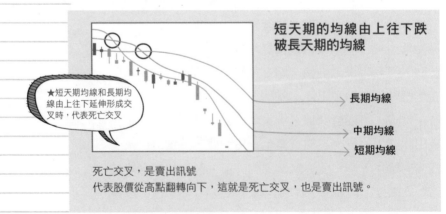

死亡交叉，是賣出訊號
代表股價從高點翻轉向下，這就是死亡交叉，也是賣出訊號。

MA 指標訊號圖如何判斷進出場訊號？

進場訊號	多頭行情：日指數收盤價 > MA20、MA60、MA120 黃金交叉：短天期均線由下往上突破長天期均線
出場訊號	空頭行情：日指數收盤價 < MA20、MA60、MA120 死亡交叉：短天期均線由上往下跌破長天期均線

5 日均線（MA5）代表周線，20 日均線（MA20）代表月線，60 日均線（MA60）代表季線，120 日均線（MA120）代表半年線

MACD 指數平滑異同移動平均線，觀察最佳中長期指標

Q MA 移動平均線的確簡單又好用，但是反轉訊號很難判斷，其他技術分析可以輔助判斷反轉訊號嗎？

A 可以用 MACD 來判斷趨勢是否反轉。「MACD 指數平滑異同移動平均線」是根據「移動平均線」延伸出來。它根據兩條方向線來研判個股買賣情況，更能掌握趨勢變動。MACD 通常是利用 26 日長天期的移動平均線（慢線：MACD），當作長期的趨勢參考；12 日短天期的移動平均線（快線：DIF）作為短期的趨勢參考。而短天期減去長天期就會得到「DEF」數值，通常以柱狀體顯示。因此，在技術分析的線圖上，MACD 會顯示長線、短線以及柱狀圖。

Q 既然 MACD 指標有兩條線和一個柱狀體，這樣的圖形，要如何判斷進出場訊號？

A MACD 就是由這兩條線的聚合和分離的情況，以及柱狀體是否為正值或是負值來研判買進與賣出的時機和訊號。一般來說，當快線與慢線都在「0 軸」以上時，

通常代表多頭市場；相反地，兩條線都在「0軸」以下，就是空頭市場。

再者，當快線向上突破慢線，顯示上漲局面，就是買入訊號；當快線向下跌破慢線時，顯示下跌局面，就是賣出訊號。此外，在持續的漲勢中，＋DIF的正差離值會愈大，這就是買進訊號；相反地，在跌勢中，會出現－DIF，它的負差離值也愈來愈大，這就是賣出訊號。因此，當正或負差離值逐漸縮小時，也代表著行情反轉的徵兆。

★從 MACD 指標看出多頭、空頭

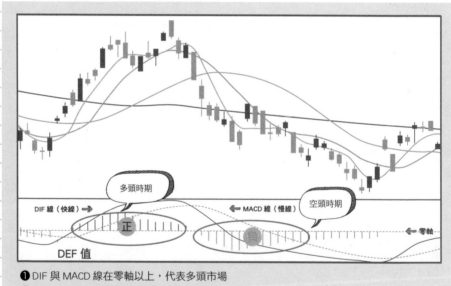

DIF線（快線）→　　多頭時期　　　← MACD線（慢線）　空頭時期　　← 零軸

DEF 值

❶ DIF 與 MACD 線在零軸以上，代表多頭市場
❷ DIF 與 MACD 線在零軸以下，代表空頭市場

★從 MACD 指標看出黃金、死亡交叉線

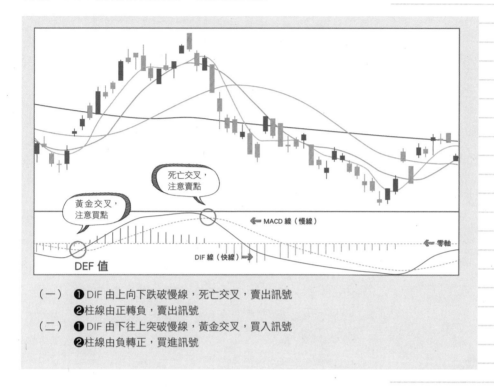

（一）❶ DIF 由上向下跌破慢線，死亡交叉，賣出訊號
　　　❷ 柱線由正轉負，賣出訊號
（二）❶ DIF 由下往上突破慢線，黃金交叉，買入訊號
　　　❷ 柱線由負轉正，買進訊號

Q 單用「MACD 指數平滑異同移動平均線」評估大盤和個股，可以嗎？

A 因為 MACD 是用快、慢兩條線以及柱狀體的正負差離值，來當作股市的買賣訊號，它是屬於確認指標，並非領先指標。因此，當市場股價的走勢非常明確時（不管是在多頭或空頭市場），MACD 的確可以發揮它的作用並適合中長期的投資策略。不過，如果市場多空不明，股價不上不下，屬於盤整階段，MACD 就很難發揮它的作用。因此在使用 MACD 時，可以搭配 RSI 相對強弱指標以及 KD 值，來彌補彼此不足的地方。

觀念速解

確認指標、領先指標

「確認指標」是指已經發生後，才能確立演算的指標；「領先指標」則是還沒發生，但是其數值可以預估未來的指標。

MACD 指標訊號圖如何判斷進出場訊號？	
進場訊號	多頭行情：快線：DIF > 0，慢線：MACD > 0 黃金交叉：快線由下向上突破慢線
出場訊號	空頭行情：快線：DIF < 0，慢線：MACD < 0 死亡交叉：快線由上向下突破慢線 反彈指標：柱線由正轉負

用 RSI 相對強弱指標，找出短期最佳賣點

Q 什麼是 RSI 相對強弱指標？

A 「RSI 相對強弱指標」是將一段時期內的平均收盤漲幅，和平均收盤跌幅，透過兩者的比較，以分析市場買賣雙方的力量，進而研判市場的動態。一般來說，RSI 相對強度的數值在 0 至 100 之間，數值愈高，表示買氣愈旺；數值愈低，表示個股乏人問津。萬一個股處於極端的情況，例如：當盤勢全面連續上漲時，會導致 RSI 趨近上限 100；反之，會導致 RSI 趨近下限 0。

　　由於 RSI 所使用的參數（基期天數）會影響數值結果，如果設定的時間太短，RSI 指標就會太敏感；設定的時間過長，則會顯得遲鈍。最初提出 RSI 指標時，參數是用 14 天，但在實際操作中，多數軟體會選定 6 日、12 日、24 日來當作參數，投資人也可以自行更改，選擇 5 日、10 日當作參數。 一般來說，短天期的數值如果大於長天期的數值，就是多頭行情，例如 5 日 RSI > 10 日 RSI > 20 日 RSI；反之則為空頭行情。這一點和 MA 移動平均線的判斷方法很類似。

觀念速解

參數

技術分析的種類很多，每個指標的「參數」也不盡相同。「參數」可能是時間、股價，或是成交量；只要是技術分析公式中的變數，都可以當作是「參數」。

Q 怎樣判斷「RSI 相對強弱指標」的進出場訊號？

A 一般來說，RSI 數值高於 50 是多頭市場，低於 50 表示是空頭市場，RSI 指標大多在 70 與 30 之間波動。當 6 日 RSI 強弱指標到達 80 時，表示股市有超買現象，如果 RSI 指標超過 90 以上時，代表嚴重超買，股價很有可能會急轉直下，此時就是賣出時機！當 6 日 RSI 強弱指標下降到 20 時，表示股市有超賣現象，一旦降到 10 以下，就是嚴重超賣；如果已經超賣一段時間了，股價底部大概成形，隨時可能止跌回升，投資人可以選擇逢低買進。

再者，當短天期的 RSI 均線在 20 附近，由下往上穿越長天期的 RSI 均線時，代表股價最近有連續性的漲幅，這時候就是買進時機；相反地，當短天期的 RSI 均線在 80 附近，由上往下穿越長天期的 RSI 均線時，代表股價開始下跌，這時候就是賣出時機。

此外，因為 RSI 的理論基礎是建立在漲幅和跌幅上，因此，當 RSI 發生背離情況，就被視為是反轉信號。例如股價創新高，但是 RSI 卻沒有創新高，代表漲勢後繼無力，投資人應該開始尋找賣點出場；或者股價創新低，但是 RSI 卻沒有創新低，就表示已經跌夠了，股價可能要見底反彈，投資人也可以準備進場了。

觀念速解

超買、超賣

「超買」等於「買盤過熱」，意思都是市場上買股者遠遠多於賣股者；而「超賣」等於「賣盤過熱」，意思都是市場上賣股者遠遠多於買股者。

★ RSI 相對強弱指標看出股價多頭與空頭市場

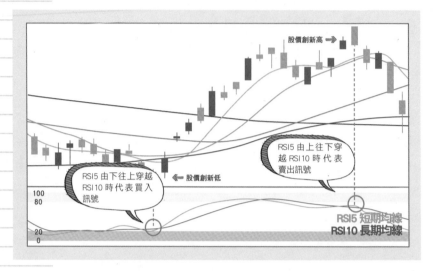

RSI 指標訊號圖如何判斷進出場訊號？

進場訊號	多頭行情：3 日 RSI ＞ 5 日 RSI ＞ 10 日 RSI ＞ 20 日 RSI 黃金交叉：短天期的 RSI 均線在 20 附近，由下往上穿越長天期的 RSI 均線 發生超賣：6 日 RSI 強弱指標到達 20（或以下） 反彈指標：股價創新低，RSI 沒有創新低
出場訊號	空頭行情：3 日 RSI ＜ 5 日 RSI ＜ 10 日 RSI ＜ 20 日 RSI 死亡交叉：短天期的 RSI 均線在 80 附近，由上往下穿越長天期的 RSI 均線 發生超買：6 日 RSI 強弱指標到達 80（或以上） 反彈指標：股價創新高，RSI 沒有創新高

Ｑ 不過，美股的種類很多，這樣的數值適合各種類型的股票嗎？

Ａ 嚴格來說，每種類型股票的超賣超買值是不同的。以股價波動來區分的話，在股價穩定波動小的市場，通常 70 以上就可以視為超買，30 以下則可視為超賣；如

果是波動劇烈的市場，80 以上是超買，20 以下是超賣。因此，在多頭市場時，通常藍籌股和大型股的 RSI 指數，超過 80 就是超買；至於股價波動較小的個股，有時候 65 以上就是超買了。

RSI 指標超買、超賣區圖表

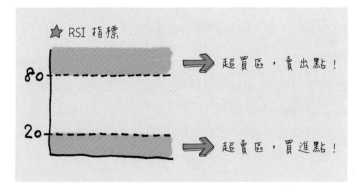

Q RSI 相對強弱指標有什麼缺陷嗎？

A 在股價處於極端的時候，也就是處於大漲和大跌時，RSI 會出現鈍化情況。例如股價不斷上漲，但是 RSI 值卻一直超過 80 以上，而且變動卻很小；或是股價不斷下跌，RSI 值也一直處在 20 以下，卻沒什麼變動，這都是指標鈍化的現象！所以，在極端的多頭市場和空頭市場，RSI 就不適用了！再者，RSI 指標的數值變化多半稍縱即逝，很難抓得準；因此，投資人可以先觀察 RSI 過去一整年的曲線，然後再搭配 MACD 指標和 MA 移動平均線，以確認市場的買賣氣氛，這樣才比較萬無一失！

觀念速解

指標鈍化

在極度強勢的多頭時期和空頭時期，大量買進和大量拋售反而會變成常態，這時候指標會出現「失靈」的情況，稱之為「指標鈍化」。

KD 隨機指標是最敏威的短期指標

Q 「KD 隨機指標」不只在臺股很常用到,對於美股也是常用的指標,它有什麼優勢呢?

A 它是由 K 線(快速平均線)和 D 線(慢速平均線)兩條線所形成,簡稱 KD 線。它的計算方式是:最近 N 天中出現過的最高價、最低價與第 N 天的收盤價,然後用這三個數字,來計算第 N 天的未成熟隨機值(簡稱 RSV),接著才能算出 H 值和 D 值。

而 K 值與 D 值介於 0 與 100 之間,和 RSI 相對強弱指標相同,「KD 隨機指標」主要是顯示現在的股價,是介於高價位和低價位,這個價差區域中的哪個位置?當收盤價上漲就會接近高價位,收盤價下跌時就會接近低價位,這樣就能反映價格走勢的強弱!

Q 「KD 隨機指標」與 MA 移動平均線有什麼關係?

A 「KD 隨機指標」是 MA 移動平均線的延伸,MA 移動平均線以收盤價來計算;因此,是結合 RSI 強弱指標和 MA 移動平均線的部分優點,不只反映價格走勢,也反應超買超賣的情況。另外,「KD 隨機指標」對於短期測試的功能,會比 MA 移動平均線準確,也比 RSI 強弱指標敏感。

Q 如何利用 KD 值研判進出場時機?

A 如果行情是一個明顯的漲勢,將帶動 K 線與 D 線向上升,因此,KD 值在 80 以上,被視為超買區,超過 85 就是嚴重超買,這時候投資人就要注意賣點了;當 KD 值在 20 以下則視為超賣區,低於 15 是嚴重超賣,這時候就要注意買點了!此外,K 線與 D 線的黃金交叉發生在 20 以下的區域中,以及死亡交叉發生在 80 以上

的區域中，才會被視為有效的信號。

(Q) 「KD 隨機指標」也能夠看出多頭空頭訊號嗎？

(A) 當 K 值大於 D 值時，代表目前是上漲趨勢，因此，
當 K 線由下向上穿越 D 線時，是買進的訊號；相反地，
當 K 值小於 D 值，表示目前是下跌趨勢，所以當 K 線
從上向下跌破 D 線時，就是賣出訊號。

★善用 KD 值觀察超買超賣區

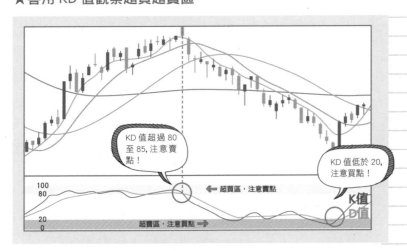

★ KD 線買入與賣出變盤信號圖

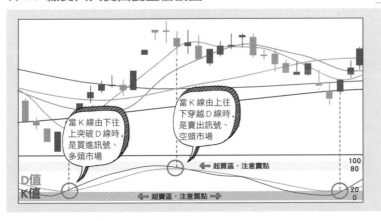

Q 如果碰到反轉信號該怎麼判斷？

A 有三種比較明顯的情況，可視為反轉信號。第一種是當 K 線和 D 線上升或下跌的速度減弱，第二種是 K 線的曲線趨於平緩時，第三種是當 K 線在上升或下跌一段時期後，突然急速穿越 D 線，這三種通常是短期趨勢反轉的警告訊號！

此外，當股價走勢一路下跌，KD 線卻是一波比一波高，這就是俗稱的「低檔背離」，代表短期的下跌趨勢差不多見底了，投資人應該可以進場撿便宜了！相反地，當股價不斷創新高，但是 KD 線卻沒有同步創新高，這就是俗稱的「高檔背離」，代表買盤力道不足，走勢隨時可能反轉，投資人應該準備出場。還有一種情況是，看到黃金交叉、K 線穿越 D 線向上數天之後，可是股價不漲、成交量也沒有增加，代表漲勢即將終止，一旦 K 線出現反轉向下的情形時，就要儘快賣出，以免來不及出脫！

KD 指標訊號圖如何判斷進出場訊號？

進場訊號	多頭行情：K 值＞D 值 黃金交叉：K 線在 20 附近，由下向上穿越 D 線 發生超賣：K 值、D 值在 20 附近，如低於 15 為嚴重超賣 反彈指標：❶股價一路跌，KD 線卻不斷攀高 　　　　　❷有死亡交叉，但股價不跌，且成交量逐步放大
出場訊號	空頭行情：K 值＜D 值 死亡交叉：K 線在 80 附近，由上向下穿越 D 線 發生超買：K 值、D 值在 80 附近，如高於 85 為嚴重超買 反轉指標：❶股價一路漲，KD 線卻未見新高 　　　　　❷有黃金交叉，但股價不漲，且成交量未有明顯增加

Q KD 隨機指標適用在長期趨勢的判斷嗎？

A 「KD 隨機指標」屬於中短期的技術分析指標，不適用於長期趨勢的判斷。此外，「KD 隨機指標」如同 RSI 指標一樣，對於交易熱絡的熱門股，準確度很高，但對交易清淡的冷門股或小型股，「KD 隨機指標」就較不適用了！

其次，KD 指標也有指標鈍化的現象。心急的投資人會趁 KD 線在下方時就進場，運氣好的也許可以買到低點，但萬一是在大空頭超跌的情況下，投資人會聰明反被聰明誤，因此被套牢。所以，建議投資人最好在黃金交叉時才買入，會比較安全。

如何抓住大波段行情，DMI 趨向指標告訴你

Q 「MACD 指數平滑異同移動平均線」、「RSI 相對強弱指標」、「KD 隨機指標」，都可以顯示買賣雙方的力道。但是，有時候還是很難搞清楚目前股市處於什麼行情。有沒有什麼指標可以提供佐證或預警？

A 一般來說，股價高低會影響買賣力道，而買賣雙方的推拉強弱也會促成股價漲跌，因此，從「DMI 趨向指標」可以看出股價在上升或下跌過程中，買賣供需從均衡到失衡的循環過程。投資人就能據此判斷目前是處於何種行情。投資人如果對於股價趨勢感到困惑時，可以參考「DMI 趨向指標」，藉以掌握趨勢走向。

「DMI 趨向指標」和「KD 隨機指標」一樣，透過股價每日的最高價、最低價及收盤價這三者之間的波動情形來進行分析。簡單來說，它的線圖共需審視三條線，其中包括二條方向線（＋ DI、－ DI）與一條趨向平均

觀念速解

交易清淡、冷門股

泛指無人聞問、成交量很低的個股；由於乏人問津，股價不會有太大的起伏，有時候也會被稱為「牛皮股」。

線 (ADX)，以此反映買賣雙方力量波動的過程。通常 DMI 趨向指數大多採用 14 天來當作基期，天數過長會造成指數過於平滑而趨勢不明顯，天數過少又怕指標太敏感，造成投資人無謂的緊張。

Q 「DMI 趨向指標」的三條線，有什麼意義嗎？

A DI 是股價上漲或下跌的方向指標，＋ DI 表示上升方向指標，代表最近 N 日內實際上漲的百分比；－ DI 表示下跌方向指標，代表最近 N 日內實際下跌的百分比；而 ADX 為趨勢動量指標，在漲勢或跌勢明顯的階段，ADX 線會逐漸增加，代表上漲或下跌的力量已經增強。而這三條線的數值，都介於 0 到 100 之間。

Q 該如何研判 DMI 趨勢指標的進出場訊號呢？

A 當股價上漲，＋ DI 線會向上攀升，顯示上升動量的增強；當股價下跌，－ DI 線則會下跌，反映下跌動量。比較特別的是，ADX 代表的是成交力道，所以 ADX 上揚，代表買盤或賣盤力道強勁！如果 ADX 下跌，就代表買盤或是賣盤力道減弱！

因此，當＋ DI 線由下向上突破－ DI 線時，這就是黃金交叉，是買進訊號，此時 ADX 線若正在上揚，代表這個漲勢更強！當＋ DI 線由上向下穿越－ DI 線時，就是死亡交叉，如果 ADX 線再上揚，就表示跌勢更兇了，這就是賣出訊號。

Q 「DMI 趨向指標」會如何呈現反轉訊號？

A 不論股價是漲勢還是跌勢，只要 ADX 在高檔處由升轉跌，就是反轉的跡象。當＋ DI 和 ADX 上升到 40 至 50 時，－ DI 卻是下跌到 0 到 10 的區域時，顯示超買，盤勢可能會反轉直下，投資人應該趁股價高峰時趕快賣

出。＋ DI 與 ADX 下跌到 0 到 10 的區域，－ DI 則上升
到 40 至 50 區域時，表示超賣，盤勢可能會反彈向上，
投資人可以趁機逢低買進。此外，當 ADX 值在＋ DI 或－
DI 值以下游走，或者是 ADX 值在 20 以下，表示股價
可能處於盤整當中，趨勢難現。

★ 從 DMI 指標來看進出場訊號及反轉訊號

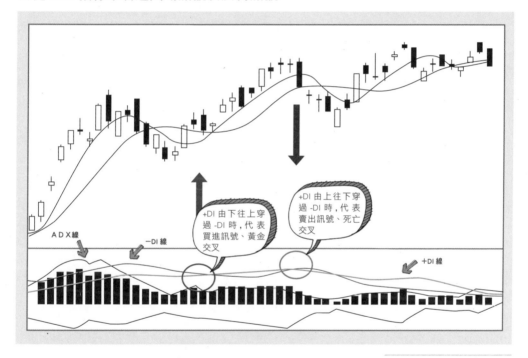

DMI 指標訊號圖如何判斷進出場訊號？

進場訊號	多頭行情：＋ DI ＞－ DI 值
	黃金交叉：＋ DI 由下向上穿越－ DI 值，並且 ADX 曲線向上
	發生超賣：－ DI 和 ADX 升至 40～50，＋ DI 跌至 0～10
	反彈指標：＋ DI ＞－ DI 值，但 ADX 由上轉下

出場訊號	空頭行情：＋DI ＜－DI 值 死亡交叉：＋DI 由上向下穿越－DI 值，並且 ADX 　　　　　曲線向上 發生超買：＋DI 和 ADX 升至 40～50，－DI 跌至 0～ 　　　　　10 反轉指標：＋DI ＜－DI 值，但 ADX 由上轉下

BIAS 乖離率，觀察股價偏離均值的強弱程度

Q BIAS 乖離率也是根據 MA 移動平均線所延伸出來的技術分析，它具有甚麼樣的特點嗎？

A 「BIAS 乖離率」顯示股價偏離平均值的程度。簡單來說，BIAS 乖離率是計算股價偏離 MA 移動平均線多遠的程度，數值愈大，代表股價離平均值愈遠，屬於短期的技術分析指標。

乖離率分成正乖離率和負乖離率，如果股價在平均數值以上，就是正乖離率；股價在平均數值以下，就是負乖離率；當股價與平均數值相同，乖離率為零。隨著股價的漲跌，乖離率會來回穿梭在 0 點的上方和下方，從乖離率的高低，就可以看出未來的趨勢，因此具有相當程度的測市功能。

乖離率的線圖有長天期和短天期的三條數據線（日線、周線、月線），還多了柱狀圖。柱狀圖是短天期乖離率減掉長天期乖離率的差值；正數的柱狀體會在水平線上方，負數的柱狀體則在水平線下方。有時候技術分析的線圖不會出現柱狀圖。投資人在設定參考基期時，多數會以 5 日、10 日、20 日和 60 日為參數，也有以 5 日、20 日、60 日為短中長期的參考基期，投資人可以自己參酌。

Q 投資人該怎麼判斷股市是多頭還是空頭？

A 由於 BIAS 乖離率是由 MA 移動平均線延伸出來的，
因此，在線圖上不論是多頭還是空頭，都如同 MA 移動
平均線的概念一樣。當長天期和短天期的乖離率，例如
周線、月線、季線，這三條曲線同時都是由上往下的走
勢，就代表空頭信號，股價要跌了，投資人可以趕緊出
場；相反地，當長天期和短天期的乖離率，三條曲線同
時都是由下往上的走勢，就表示股價即將要漲的多頭信
號，投資人可以準備進場了。

★ BIAS 乖離率 +MA 移動平均線，判斷空頭與多頭

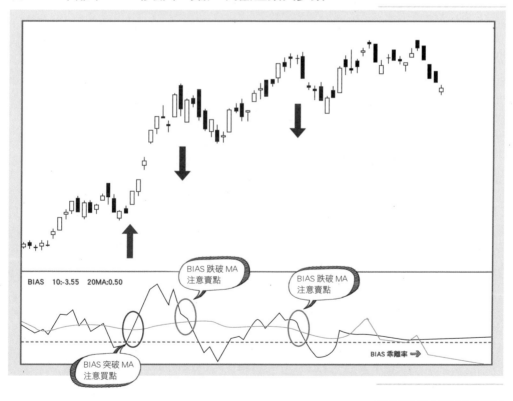

Q 要如何判斷乖離率的進出場訊號？

A 乖離率的使用會因為設定的參數基期長短而有所影響！因為股價相較於短天期和長天期的 MA 移動平均線，會出現不同的乖離率；一般來說，短、中、長線的乖離率數值高低，會代表買賣訊號。

例如參考 5 日乖離率線圖，當負乖離率為－ 3％是買進時機，正乖離率為＋ 3.5％是賣出時機；10 日乖離率線圖，當負乖離率是－ 4.5％是買進時機，正乖離率＋ 5％是賣出時機；20 日乖離率，負乖離率－ 7％是買進時機，正乖離率＋ 8％是賣出時機；60 日乖離率，負乖離率－ 11％是買進時機，正乖離率＋ 14％是賣出時機。

BIAS 指標訊號圖如何判斷進出場訊號？

進場訊號	空頭行情：負乖離愈大，愈有可能反彈 發生超賣：當乖離率負數值超過 10％ 反彈指標：❶乖離率由負轉正 ❷其中一條的走勢和另外兩條的走勢不同 ❸空頭的上漲局面，遇到負乖離 ❹股價創新低，BIAS 卻沒有創新低
出場訊號	多頭行情：正乖離愈大，愈有可能回檔 發生超買：當乖離率正數值超過 10％ 反轉指標：❶乖離率由正轉負 ❷其中一條的走勢和另外兩條的走勢不同 ❸多頭的下跌局面，遇到正乖離 ❹股價創新高，BIAS 卻沒有創新高

Q 「BIAS 乖離率」的反向訊號又是如何？

A ❶當乖離率由正轉負或是由負轉正，就是反轉的訊號！

❷其中一條的走勢和另外兩條的走勢不同，代表股價可能出現低點反彈，或高點回檔。

❸個股在上升局面，發生負乖離率，代表多頭行情，因此視為買進訊號；如果是空頭的下跌局面，遇到正乖離率，可以等到股價稍做反彈之後再賣出。

❹當股價創新高，但「BIAS 乖離率」卻沒有創新高，就是背離現象，代表投資人追高的意願逐漸減少，因此買盤力道減弱，股價隨時會下跌，投資人應該趕快出場。當股價創新低，但是 BIAS 卻沒有創新低，代表投資人殺低的意願減少，賣盤力道減弱，這種背離情況代表股價隨時會反彈向上，投資人可以擇機搶進。

❺當 BIAS 大於 10％的時候，表示股價已經比平均值多了 10％，短期獲利已經很高了，見好就收的投資人會逢高賣出，因此這時候股價隨時會反轉急下。當 BIAS 小於負 10％時，表示股價已經比平均值便宜 10％以上，想逢低搶進的投資人，可能會選在這個時候進場，跌勢或許已經到了底部，股價隨時會再反轉向上。

(Q) 使用乖離率有什麼特別需要注意的地方嗎？

(A) 一般而言，乖離率在正負 15％以內，比較具有投資的參考性，因為超過 15％以上，很容易出現指標鈍化的現象。不過，這也要考慮產業類別，例如市值較小、容易被鎖定籌碼而暴起暴落的個股，就不適用以乖離率來判斷進出時間點。

有時候乖離率的買賣信號太頻繁，緊張型的投資人可能會頻繁地殺進殺出，因而墊高投資成本，建議投資人最好搭配 KD 值、RSI 指標，綜合判斷進出場時機，

比較安全。此外，當各種天期的 MA 移動平均線糾結在一起、還有柱狀體的長度越長時，通常是盤整的局勢，投資人此時不宜進出場，保持觀望即可。

ADL 騰落指數，是追蹤大盤指數漲跌

Q 多數的技術分析是用股價和成交量來研判市場買氣，但是有些交易清淡的個股就很難適用這些評估方法。有哪個技術分析可以彌補這個缺點？

A 「ADL 騰落指數」是以上市企業中，每天上漲或下跌的「家」數來當作計算的對象！一般來說，「ADL 騰落指數」和大盤指數的概念非常類似，兩者都是在呈現整個盤勢如何變化的動態情況。有時候因為股價指數的計算方式會因為權值股的暴跌或暴漲，影響到整個指數的漲跌，甚至有些失真，使得投資人進退失據；而「ADL 騰落指數」則是把每個個股在股市中的比例均一化，以彌補大盤指數被權值股牽著鼻子走的缺點！因此，要利用「ADL 騰落指數」觀察股市，必須和大盤指數一起觀察，如此一來，對於行情走勢就更能夠掌握了。

當股價指數上漲或下跌，而「ADL 騰落指數」的曲線，和股價指數同步上升或下跌，這樣就可以印證股市的人氣。但是，當股價指數和「ADL 騰落指數」不同步，就代表局勢前途不明，投資人最好再觀察一下。

Q 既然是用來確認股市人氣的話，該如何判斷它的進出場訊號呢？

A 當股價指數和「ADL 騰落指數」同步上漲，代表股價續漲的機會很高，是買進訊號；當股價指數和「ADL

騰落指數」同步下跌，代表股價續跌的可能性很大，是
賣出訊號。當股價指數上漲，但「ADL 騰落指數」下跌，
代表某一族群的股價上漲而帶動大盤漲勢，但其他個股
的漲勢平平，因此呈現「ADL 騰落指數」下跌，這時候，
股價可能在高檔處盤整後回跌，是賣出訊號。當股價指
數上漲，「ADL 騰落指數」也處於上升階段，股價可能
持續上漲，則是買進訊號。

★用大盤指數來看 ADL 騰落指數的漲跌

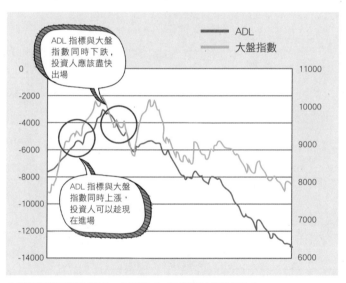

（相關資訊可以參考另一本專書《3 天搞懂技術分析》）

心動也要
行動！

今天是 ＿＿＿ 年＿＿月＿＿日

我想買的美股是 ＿＿＿＿＿＿＿＿＿＿ ，代號是＿＿＿＿＿

想買的原因是：

今天是 ＿＿＿ 年＿＿月＿＿日

我想買的美股是 ＿＿＿＿＿＿＿＿＿＿ ，代號是＿＿＿＿＿

想買的原因是：

第3天

掌握關鍵數據，進階美股常勝軍

在美股這大型成熟的金融市場裡，法人坑殺散戶的情況較少見，幾乎都是法人進出，捉對廝殺。

我們也可以追隨法人腳步，先學「透視眼」看透企業財報，摸透獲利和未來性，再學「順風鼻」，從貨幣政策和財政政策嗅出市場氛圍，強化獲利成功率！

買蘋果還是 Google ？
看企業財報就知道

投資美股特別需要重視基本面，挑一檔體質好的股票，才有機會讓自己的資產增值！

單元重點

- 看資產負債表，該收的貨款收回來了？
- 從損益表，看出企業是從本業賺錢嗎？
- 可以拿多少現金股利？關心股東權益變動表

挑股票，先看公司有沒有賺錢？

Q 常聽到「某某公司某月的營收創下單月歷史新高」，或者是「某公司的應收帳款過多、現金流量不足」，這些資訊會引發投資人反應過度，或者是追高或者是殺低股票，下場通常是虧損累累。投資人該如何分辨這些訊息的真假？

A 建議投資人暫時抱持懷疑的態度，在跟著報導起舞之前，請仔細想想：這篇報告有沒有斷章取義？消息來源可靠嗎？選在此時報導是不是別有動機？同樣的一則新聞，為什麼別的刊物結論不是這樣？

經過思考之後，我們或許可以發現，這些所謂的訊息可能是煙幕彈，或是有人想要拉抬股價，故意製造接獲大單、購併某公司、開發某些新產品等等的利多消息；或是想要打壓股價，故意放出被抽單、財務狀況不佳等利空訊息，企圖影響股價。如果投資人具有解讀財務報表的基本能力，即使看到任何有關產業的負面評論，也不會再被這些混亂的訊息牽著鼻子走，導致做出錯誤的決策了（更多詳細的解說，請參看《3 天搞懂財經資訊》）。

（Q） 很多人看到財務報表就頭痛，密密麻麻的數字，不知道那堆數字裡面，什麼才是重點？

（A） 這的確是一般社會大眾的困擾。以臺灣為例，在閱讀公司的財務資訊時，一般需要看「四大張」財務報表，分別是「資產負債表」、「損益表」（2013 年採行 IFRS 之後，臺灣更名成「綜合損益表」）、「股東權益變動表」（採行 IFRS 之後，更名成「股東權益表」）和「現金流量表」。這些報表常會逐月、逐季和逐年公布，因此會有月報、季報、半年報和年報。

每一張財務報表都有特別的意義，投資人只要掌握每章報表的精髓，就可以輕鬆看懂財務報表了。如果你打算投資某家公司的股票，第一要件是先看這家公司有沒有賺錢？如果有，又是賺多少？賺錢的效率如何？

觀念速解

月報、季報、半年報、年報

上市公司依法必須公布財務報表，每月公布的財務報表就是俗稱的「月報」，經過會計師合併核算之後，每季公布的就是「季報」，每半年公布的就是「半年報」，每年公布的就是「年報」。

掌握四大重點，輕鬆看四大財務報表

投資者

看企業：
❶有沒有賺錢？
❷賺錢的來源？
❸有沒有實際收到貨款？
❹能不能分股利？

Teacher 梁

❶有沒有賺錢？看綜合損益表的「每股盈餘」
❷賺錢的來源？看綜合損益表是「本業」還是「業外」賺錢
❸有沒有實際收到貨款？要看資產負債表的「應收款項」的變化
❹能不能分股利？看權益變動表的「現金股利」

看出財務報表裡的常見陷阱

Q 所以有賺錢的公司，代表手上有很多錢囉！

A 那可不一定。有時候，一家公司有錢的原因，是因為變賣公司資產。比方說，你在追蹤一間紡織廠，看到老闆決定賣掉廠房、賣掉土地，或者是變賣轉投資公司的股票，公司因此而增加大筆收入，「成績單」看起來很漂亮。但是，這是間紡織廠不是營建業，因此變賣廠房和土地都是屬於業外的收入，而不是本業的收入。

即使帳面上看起來有盈餘，甚至比往年還要多，投資人也不用高興得太早！畢竟這家公司不是營建業，不會有賣不完的土地和廠房；也不是創投公司，所以不會有賣不完的股票，遲早坐吃山空。

所以，當投資人知道這家公司有賺錢之後，要從綜合損益表來檢視，看看賺錢的原因是什麼？是來自於本業的收入？還是來自於業外的收入？如果是因為本業賺錢，而且跟前一期、前幾期或是不同年度的同時期，比較起來成果亮麗，才是值得投資的標的。

Q 如果確定公司有賺錢就可以放心投資了嗎？

A 不一定，如果貨款沒有收到，就沒有現金入袋，公司可能會因為現金周轉不靈而無法正常營運。很多時候，公司號稱有賺錢，卻突然間無預警宣告倒閉；這是因為商品賣很好，卻沒有收到實質的貨款，而是一疊待兌現的支票，最後在帳上呈現獲利的情況下，經營不下去，這就是所謂的「黑字倒閉」，真的很冤枉。

所以，要確定這家公司的現金到底夠不夠支付日常開支以及員工薪水，這時候，我們要看「現金流量表」，因為它可以看到整個公司實際可動用的「現金」數量多

寡；然後，再檢視「資產負債表」裡面的「應收款項」科目，數字會不會很高？如果數字很高，代表這家公司該收卻還沒收到的現金很多！在現金不足以支應公司例常開銷的情況下，這家公司能夠撐多久呢？那也就可想而知了！

Q 如果這家公司的獲利狀況很好，也都是來自於本業的營收，而且現金流量狀況也不錯，還有什麼需要特別注意的嗎？

A 既然確定是一家靠本業賺錢的公司，當然人人都想當這家公司的股東，所以接下來要看，如果身為這家公司的股東，公司會不會把盈餘分配給投資人？這時候，可以從「權益變動表」來看這家公司歷年來配發給股東的「現金股利」的狀況如何。

有些公司宣稱有擴充廠房、添購機器設備、購併其他家公司的計畫，因此必須將盈餘保留下來，才有足夠的錢完成計畫。於是，即使公司的每股盈餘（EPS）很高，可是能分給股東的股利卻遠不如預期！如果想要像巴菲特一樣長抱股票滾股利，「權益變動表」這個部分，就不得不注意了。

美股比較特別的一點是，美國公司不時興配發股票股利，而是現金股利，這點跟臺灣的狀況不同。

Q 唉唷！要投資一定要分析四大報表，還是有點複雜，有沒有更簡單的方法？

A 當然有囉！四個簡單的步驟，讓初學閱讀財務報表的投資人有基本的概念和心理建設；接下來，才能更進一步去瞭解公司經營狀況，深入檢視及比較各項財務報表之間的關係，甚至於去瞭解各個數字之間變化的關聯性。

觀念速解

每股盈餘

每股盈餘＝稅後淨利／流通在外的普通股股數

每股盈餘（EPS）是企業獲利能力的指標之一，每股盈餘愈高，通常代表公司每單位資本的獲利能力愈高。

瞭解數字之後，接下來的比較有兩種方式：❶自己跟自己比較：例如當期和前一期、前幾期比較；或者當期和去年度、前年度的同期比較，以此類推。和同業比較也是一樣的概念。❷拿自己和同業比較：觀察同業相同科目的增減情形或者趨勢變化，才能夠發掘出真正的問題。

　　這對於公司經營管理階層來說，是必要做的功課之一；對於投資人來講，也是挑選一支好股票必要的知識與技能。

重點 1：瞭解公司的資金來源與去向

（Q）買股票，當然希望這家公司擁有足夠的資產和賺錢能力，而不是一家空殼公司，若想瞭解這一點，該看哪張報表？

（A）透過「資產負債表」，我們可以清楚明白，公司擁有多少的資源，也會清楚記載，資金是來自於哪裡？是來自於股東，還是來自於借款？如果是借來的，就是「負債」；如果是來自於企業股東的股本，就是「股東權益」。

　　「資產負債表」反映一家公司在一個特定日期的財務狀況，通常這個日期會定義在每一年的最後一天，但有時候會因為不同會計年度的起迄點而有所不同。

　　資產＝負債＋股東權益，這在會計科目上是永恆不變的公式。不管資金的來源如何，它一定會等於資金的去處，要不然，這中間可能會有某些資金是被 A 掉了。假設負債＋股東權益總和數字和資產不符合，如果不是帳務有錯誤，就要擔心公司資產可能被掏空。

在某一個特定的時間點，公司整體的資金來源，會等於所有資金的用途或去處。

資產、負債、股東權益，三者密不可分

資產 ＝ 負債 ＋ 股東權益

Q 可以從「資產負債表」看到這家公司的未來嗎？

A 從公司的資產和負債，可以找出蛛絲馬跡。資產負債表會照資產、負債、股東權益分類分項列示，而且資產會照「流動性」區分，載明有多少資源屬於「流動資產」，其中包含現金，或是「交易用」、「備供出售」的資產，又有多少資源是供作基金及投資用途的「長期投資」，有多少資源是「固定資產」以及「無形資產」等等。

而負債的部分，會因為償還的時間長短而有所區分，分為「流動負債」及「長期負債」。至於「股東權益」的三個主要項目包括：股本、資本公積、保留盈餘。其中市場關注的焦點，會集中在「流動資產」及「流動負債」兩項。

觀念速解

股本、資本公積、保留盈餘

「股本」就是上市公司所發行的股份總額乘上每一股的面額。

「資本公積」是指公司額外投入的資本所獲得的盈餘。包含股本溢價、資產重估增值、處分固定資產利益和合併利益。

「保留盈餘」是把公司的一部分盈利，留在企業作為再投資之用。

從資產負債表看出財務穩定度——AAPL 資產負債表

	2022	2022	2021	2021
結束日期：	25/06	26/03	25/12	25/09
流動資產合計	112292	118180	153154	134836
現金和短期投資	48231	51511	63913	62639
現金	-	14298	17992	17305
現金和現金等價物	27502	28098	37119	17635
短期投資	20729	23413	26794	27699
淨應收款合計	42242	45400	65253	51506
淨交易應收款合計	21803	20815	30213	26278
庫存合計	5433	5460	5876	6580
預付費用	-	-	-	-
其他流動資產合計	16386	15809	18112	14111
總資產	336309	350662	381191	351002
物業/廠房/設備淨總額	40335	39304	39245	39440
物業/廠房/設備總額	111851	109324	107699	109723
累計折舊合計	-71516	-70020	-68454	-70283
商譽淨額	-	-	-	-
無形資產淨額	-	-	-	-
長期投資	131077	141219	138683	127877
長期應收票據	20439	24585	35040	-
其他長期資產合計	52605	51959	50109	48849
其他資產合計	306	-718	-14471	-

資產類科目通常會放在最前頭

總流動負債	129873	127508	147574	125481
應付賬款	48343	52682	74362	54763
應付/應計	-	-	-	-
應計費用	-	-	-	-
應付票據/短期債務	10982	6999	5000	6000
長期負債當前應收部分/資本租賃	14009	9659	11169	9692
其他流動負債合計	56539	58168	57043	55026
總負債	278202	283263	309259	287912
長期債務合計	94700	103323	106629	109875
長期債務	94700	103323	106629	109106
資本租賃債務	-	-	-	769
遞延所得稅	-	-	-	-
少數股東權益	-	-	-	-
其他負債合計	42647	45433	50056	52556
總權益	58107	67399	71932	63090
可贖回優先股合計	-	-	-	-
不可贖回優先股淨額	-	-	-	-
普通股合計	62115	61181	58424	57365
附加資本	-	-	-	-
保留盈餘(累計虧損)	5289	12712	14435	5562
普通庫存股	-	-	-	-
員工持股計劃債務擔保	-	-	-	-
未實現收益(虧損)	-	-	-	-
其他權益合計	-9297	-6494	-927	163
負債及股東權益總計	336309	350662	381191	351002
已發行普通股合計	16095.38	16207.57	16340.85	16426.79
已發行優先股合計	-	-	-	-

負債類科目會在資產類下面

負債比率如果超過50％代表企業有一半的資產是借來的。一般在 50％以內都是正常範圍，但還是得視不同產業別而定。

* 負債比率＝負債總額/資產總額

最後才是股東權益類科目

股東權益愈高，通常代表累積獲利愈高，相反地股東權益愈低，累積獲利愈低。

資料來源：英為財情 Investing.com

Q 為什麼該關注「流動資產」及「流動負債」？

A 要瞭解一家公司是不是岌岌可危、有沒有能力支付即將到期的債務，就要檢視「流動資產」與「流動負債」。萬一債務到期，「流動資產」卻不足以支付清償所需，公司可能就有倒閉的危險。因此，閱讀「資產負債表」首先需要注意短債及長債的變化。

「資產負債表」最大功用就是讓人迅速瞭解公司的財務結構和營運狀況，也讓經營者或投資者決定因應對策。例如在一段時間內的負債迅速增多，或是存貨大量增多，可視為危險訊號。若一家公司擁有許多土地或有龐大資金，通常也被認為信用狀況較為良好的公司。

重點 2：分析公司獲利情況

Q 就股票投資基本分析而言，綜合損益表是四大財務報表當中研究個股基本面的核心報表，為什麼？

A 一家公司經營的好不好？會不會賺錢？賺多少錢？是因為本業好而賺錢？還是因為其他的業外收益才賺到錢？這些問題都可以從「綜合損益表」看出一家公司未來有沒有成長性。

由於「綜合損益表」蘊藏很多決策相關資訊，不管經營管理階層或是投資人，都會緊盯著這張報表做為進出場的依據。

 綜合損益表是反映企業在一段期間內的獲利與虧損情況，屬於動態報表。

Ｑ 那麼，要從綜合損益表得知企業有沒有賺錢，有哪些地方要特別注意？

Ａ 如果還沒有辦法瞭解整張「綜合損益表」，就先挑重點看。第一就是每股盈餘（Earnings Per Share，EPS）。第二個就是比較營業收入。

我們先來瞭解每股盈餘（EPS）這個部分。每股盈餘是一家公司的獲利指標，通常只要一家公司宣稱每股盈餘高於預期，股價就會上漲；因此，每股盈餘和公司的股價有一定的連動性。這也是企業主、投資人和分析師衡量公司獲利的關鍵要素之一。

但是，有時候媒體或是公司宣布，在某一段時間的EPS（可能是月或季）突然增加幾元，千萬不要高興得太早！因為先前已經提醒過投資人，好公司的要件是：「本業有賺錢，而且現金很夠用」的公司，才是好公司！所以，投資人首先要去研究，這家公司的獲利來源，也就是 EPS 的結構。

如果是變賣資產，而不是本業賺很多，就算 EPS 提高，股價上揚，也只是短期的表現罷了！等熱頭一過，股價還是會掉下來。所以，投資人千萬不要一聽到「EPS多了幾元」就貿然進場買股票。為了製造公司有賺錢的假象，有些公司在某一段期間本業獲利不好的時候，會出脫轉投資公司的持股來挹注盈餘，這樣的情況屢見不鮮。

Ｑ 除了觀察 EPS 以外是否也要注意稅前及稅後盈餘？

Ａ 有時候公司「稅後」的每股盈餘，竟然比「稅前」的每股盈餘要來得高。意思就是「繳完稅的盈餘，卻比繳稅前的盈餘來得多！」

因為有些公司可能符合政府某些專案計畫，像是臺灣的獎勵投資條例、促進生產條例等，有所謂的「退稅」利益，才會造成「稅後」盈餘比「稅前」多的特殊情況。

　　既然是因為政府退稅，才會有較高的 EPS，因此，公司的獲利能力高低，就和經營團隊的營運能力沒有太大的關係了。或許投資人會覺得「那有什麼關係？反正我有賺到錢就好了。」問題是，如果這家公司以後的營運計畫不符合退稅條例，在沒有退稅來補貼的情況下，以後還會不會有這樣好的盈餘？這就和投資人有切身關係了，所以，投資人不謹慎不行。

Q 為什麼要比較營業收入？

A 透過比較「營業收入」，才可以瞭解公司的營收多少，是因為有主力商品才賣得好？還是因為是在銷售旺季的時候賣，所以隨便賣都有好成績？要瞭解這個部分，可以透過兩種方式：一種是和去年同期的比較，另一種是檢視營業收入的來源。

　　我們常看到報導說，某月營收的月增率或季增率增加，這有可能只是季節性的淡、旺季效應而已。例如：歐美的聖誕假期相當於華人的過年，外國人會送禮物給家人或朋友，等同華人給親友紅包是一樣的意思。大多數美國人熱衷贈送消費性電子產品，因此在每年的第四季通常是消費旺季；該產業 11 月、12 月的月增率，比起 8 月、9 月一定是增加的、甚至可能是大幅度增加。

　　可是，如果把時間拉長，來注意年增率的部分，說不定數字反而是減少的。這樣就很清楚地表示，今年第四季的旺季效應，要比去年第四季的狀況來得差！這時

觀念速解

月增率、
季增率、
年增率

月增率：指當月營收與上個月營收，兩者相互比較後，所增加的百分比。

季增率：指當季營收與上一季營收，兩者相互比較之後，所增加的百分比。

年增率：指今年度營收與去年度營收，兩者相互比較之後，所增加的百分比。

候，投資人須再瞭解財務狀況，以免誤信高營收的錯誤資訊，住進高檔套房。

Q 要如何檢視營業收入的來源呢？

A 可以從以下四點來觀察：

❶ **公司的營收貢獻是來自於哪些主力產品？主力產品是否擁有市場利基？短期內會不會被取代？**

❷ **公司的銷售區域，是否集中在某一個國家或地區？**如果是的話，假使那個國家或是區域景氣很好，公司營收就會大為增加；萬一景氣下滑，銷售狀況就會受到嚴重影響，導致營收大幅度的減少！例如：半導體鉅子超微 AMD 因為受歐洲經濟低迷，再加上中國的經濟成長放緩，還有消費者對於產品需求的改變，導致股價曾一度下跌超過 10%。

❸ **客戶的來源是否過度集中？**若又都是關係企業的話，投資人就要注意，因為有可能發生「假銷貨、真塞貨」的情況。也就是說，商品明明就賣不好，但是公司作帳把貨賣給自己創立的另一家公司，這就是「假銷貨、真塞貨」，時間一久，這家公司一定會倒閉！另外，即使沒有做假的問題，公司的業績也很容易隨大客戶的經營狀況有大幅度的上下波動。

❹ **公司的「營業成本」是否持續攀升？「營業毛利」是否由高走低，持續下降？**如果同業也有類似的情形發生，代表產業或許已經步入成熟期，毛利潤已經是「毛三到四」，這時企業應該要想辦法另謀出路。如果只是個別的企業有問題，那就代表成本效益控管不彰，投資人就可以和這間公司說再見了！

「綜合損益表」提供的訊息，包括公司的成長性、經營模式、獲利結構都有關係，這對偏好以中長期投資為主的投資人來說，實在是不能忽視的訊息。

 成本高、毛利低＝公司不好賺
成本低、毛利高＝公司好賺
營業收入－營業成本＝營業毛利
營業毛利－營業費用＝營業淨利（淨損）

重點3：關心股東分得多少錢

Q 我怎麼知道一家企業對股東的待遇好不好？從哪裡可以知道？

A 所謂股東權益，簡單的說，就是資產減去負債後的結果；而這個結果，代表著公司對股東的「待遇」會是如何。通常股東權益項下可分為三種：股本、資本公積、保留盈餘。

關注每一家企業在股東權益中，「股本」的變化，是相當重要的一個項目。我們知道「股本」的大小，會影響到每股盈餘（EPS）；而每股盈餘（EPS）又會影響到股價。因此，對於會影響到股本的事件，自然需要特別留心。

除此之外，「保留盈餘」的增減變動情形，也要注意。公司的保留盈餘，主要是從每一期綜合損益表的稅後淨利移轉而來。公司當年度是賺錢或虧錢？是配發現金股利或股票股利？董監酬勞、員工分紅等，也會造成「保留盈餘」的變動。

進一步解釋，資產負債表與綜合損益表這兩張報表裡的數字都和股東權益變動表有連動關係。當企業部

分價值增加，例如發行新股、資產增加、負債減少或是利潤實現，股東權益也會隨之增加；相反地，當企業部分價值減少時，例如資產減少、負債增加、損失實現、發放股利以及公司實施庫藏股等，都會造成股東權益減少。所以，在查看「權益變動表」時，也得多所留心，畢竟沒賺到股票價差，賺得到現金股利的話，也是一件好事！

重點 4：確定公司資金週轉沒有問題

Q 「現金流量表」代表一家公司的現金部位，閱讀這份報表有什麼訣竅嗎？

A 過去的企業經營，多半只強調「資產負債表」與「綜合損益表」兩大表，然而隨著企業經營的多角化與複雜化，對財務資訊的需求也日益細緻；近年來，有許多企業在經營的過程中，因為資金的週轉出現問題，導致公司衰敗的例子屢見不鮮，於是報導企業資金動向的「現金流量表」，也開始獲得許多企業經營者的重視。

所以，「現金流量表」是反映企業體在一段期間內，「現金」和「約當現金」流入和流出的報表。

從綜合損益表看出營業成本高低──AAPL 資產負債表

		2022	2022	2021	2021
	結束日期：	25/06	26/03	25/12	25/09
總收入		82959	97278	123945	83360
收入		82959	97278	123945	83360
其他收入合計		-		-	-
稅收成本合計		47074	54719	69702	48186
毛利		35885	42559	54243	35174
經營開支總額		59883	67299	82457	59574
銷售/一般/管理費用合計		6012	6193	6449	5616
研發		6797	6387	6306	5772
折舊/攤銷		2805	2737	2697	-
利息開支（收入）- 營運淨額		-719	-691	-	-
例外開支（收入）		-	-	-	-
其他運營開支總額		-2086	-2046	-2003	-

如圖是 Apple 公司 2021 年～2022 年的綜合損益表，在 2022 年第二季營業成本率是 56.74％，相對的營業毛利率是 43.26％，比 2022 年第一季的 43.75％要來的低一些。

由此可知 Apple 公司的營業成本率愈來愈少，這對 Apple 公司是件好事！

	2022	2022	2021	2021
結束日期：	25/06	26/03	25/12	25/09
營業收入	23076	29979	41488	23786
利息收入（開支）- 非營運淨額	-	9	-44	-13
出售資產收入（虧損）	-	-	-	-
其他，淨額	10	-160	247	-525
稅前淨收益	23066	30139	41241	23248
備付所得稅	3624	5129	6611	2697
稅後淨收益	19442	25010	34630	20551
少數股東權益	-	-	-	-
附屬公司權益	-	-	-	-
美國公認會計準則調整	-	-	-	-
計算特殊項目前的淨收益	19442	25010	34630	20551
特殊項目合計	-	-	-	-
淨收入	19442	25010	34630	20551
淨收入調整總額	-	-	-	-
扣除特殊項目的普通收入	19442	25010	34630	20551
稀釋調整	-72.64	76.96	-60.51	-
稀釋后淨收入	19514.64	24933.04	34690.51	20551
稀釋后加權平均股	16262.2	16403.32	16519.29	16635.1
稀釋后扣除特殊項目的每股盈利	1.2	1.52	2.1	1.24
每股股利 – 普通股首次發行	0.23	0.22	0.22	0.22
稀釋后每股標準盈利	0.886	1.15	1.56	1.24

營業成本率＝營業成本÷營業收入

營業毛利率＝營業毛利／營業成本

「現金流量表」可用於分析一家企業體,在短期內有沒有足夠的現金應付開銷?會不會因為可用資金短缺而周轉不靈?都是在閱讀財報當中不可或缺的資訊。

Q 既然現金流量表愈來愈被重視,是不是它也與企業本業有關?

A 現金流量表會受到「營業」、「投資」及「籌(融)資」這三個活動的影響。其中由營業活動產生的現金流量,當然與本業經營有關係。

「現金流量表」的分析,需要結合「綜合損益表」和「資產負債表」進行綜合分析,以求全面、客觀地瞭解企業現金的來龍去脈和現金的收支情形,藉此瞭解企業的經營狀況、產生現金的能力和籌資能力等。

現金流量表受三個活動影響	
營業	現金流入:銷售商品、提供勞務等。 現金流出:購買商品、接受勞務廣告宣傳、繳納稅金等。
投資	現金流入:處分掉投資部位、投資所產生的收益、處分固定資產等 現金流出:購建固定資產、買進長短期資產、和對外投資等
籌(融)資	現金流入:股東增資款、借入款項、發行債券等。 現金流出:償還借款、償還債券、支付利息、分配股利等。

(相關資訊可以參考另一本專書《3天搞懂財經資訊》)

即時美股財報，
3 步驟英翻中輕鬆看

❶點選「美股」與輸入代號

前面老師已經教我們如何看財報的重點，但我們要去哪裡找這些財務報表呢？在鉅亨網裡輸入美股的代號，就能看到資產負債表與損益表囉！

⭐ 網址：http://www.cnyes.com/usstock/

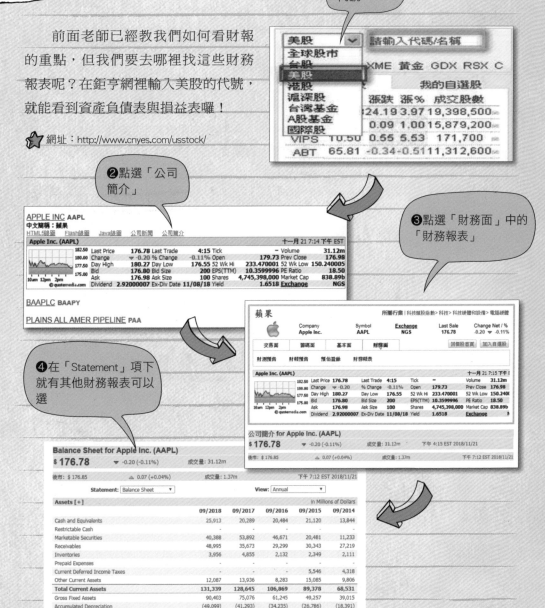

❷點選「公司簡介」

❸點選「財務面」中的「財務報表」

❹在「Statement」項下就有其他財務報表可以選

誰是明日之星？
用簡單的數字找飆股

針對獲利能力、經營績效、償債能力、資本結構、現金流量等五大部分做出分析，透過簡單的數字找到最有未來性的公司。

單元重點

- 股東權益報酬率 ＞ 15%，股神巴菲特也這樣選
- 應收款項週轉率明顯下降，企業出現經營警訊
- 現金流量比率愈高，企業口袋深財務彈性好
- 數字並非絕對，要經過比較才能據以判斷

挑股票最重要的一件事：學看財務比率

Q 什麼是財務比率表，對投資人來說，有什麼優點？

A 簡單地說，「財務比率表」是將財務報表上的某兩個或兩個以上的數字，兩兩相除，就會得出一個數字，而這個數字就是「財務比率」。透過審視比率數字的高低，我們可以瞭解公司過去的經營狀況如何。

財務比率表從五個方向分析公司狀況，包含獲利能力、經營能力、償債能力、現金流量和財務結構。通常我們在研究這些比率數字時要特別注意，這些數字不是絕對的，並不是數字高就代表好或壞，它所呈現出來的意義，都需要經過比較、判斷之後，才能變成決策上的依據（更多詳細的解說，請參看《3天搞懂財經資訊》）。

Q 看財務比率，也是拿一家公司的數據和自己比、和別人比嗎？

A 對！「自己跟自己比」，就是把現在的經營狀況跟過去公司的經營狀況比較，例如跟公司上一個月、上一季，或是跟去年的同一個月比。自己跟「別人」比，就

是和經營業務相類似的同業，在同一個時期做比較，這樣才有意義，也才看得出經營績效好壞。

檢視「獲利能力」，純益率愈高愈好

Q 通常我們在選股的時候，會先瞭解這家公司有沒有賺錢，有哪些指標可以幫助我們觀察獲利能力？

A 最常用的獲利能力指標有五大項，包括「純益率」、「股東權益報酬率」（ROE）、「資產報酬率」（ROA）、「每股盈餘」（EPS）和「本益比」（P／E）等。由於各公司的產能、價格策略以及產業特性都不相同，所以上述各項比率的高低值也沒有一定的標準。

觀念速解

純益率

純益率＝稅後損益÷銷貨淨額

綜合判斷獲利能力的相關指標，我們可以看出這家公司在所屬產業中是不是利潤高的產業。一般位居產業龍頭的公司，上述的各項比率通常會比同業好，股價自然也會高。此外，在檢視獲利指標時，也不能單獨使用一個指標就判定一支個股的好壞，一定要多項指標同時搭配使用，才不會太過武斷！

Q 光從文字看起來，純益率應該是最重要的一個比率？

A 「純益率」指的是每銷售出去一塊錢的貨物，扣除成本、費用及稅收之後，能為公司帶來多少實質收益，也就是「稅後純益」占「本業營收淨額」的比值。分析師一般很重視這個指標，因為從「純益率」高低，可以看出這家公司在本業經營上的能力；比值愈高，表示公司愈會賺錢。

舉例來說，如果某家公司上半年的純益率是 40％，代表每做成 100 元的生意，就可以淨賺 40 元，的確稱得上是會賺錢的公司，股價就容易反應而上漲。不過，

不同產業有不同的標準，例如電子業跟金融業的「純益率」評比標準就不同。即便同樣是電子產業，但列屬不同的次產業，比如手機類股與筆記型電腦業，這兩種電子次產業的各項獲利能力指標，也有高低之分。

通常一家公司的純益率會保持在某個區間範圍，短期內不會有太大的變化；若有大幅度的變化，代表公司產品結構、價格政策、產業環境、成本費用控制能力、租稅負擔或景氣循環等因素已發生較大的改變。

重點 純益率：數值愈高愈好！
一家公司的數字短期內不會有太大變化，有變化就需要密切注意。

股東權益報酬率，股神巴菲特最重視

觀念速解

股東權益報酬率

股東權益報酬率＝稅後損益 ÷ 平均股東權益淨額

Q 據說股神華倫‧巴菲特最重視的指標之一，就是股東權益報酬率，這個比率真的這麼重要？

A 「股東權益報酬率」（ROE）主要的意義是，公司在一段時間，總共從股東那裡取得多少資金？又利用這些資金幫股東創造了多少收益？簡單來說，就是股東平均每出一塊錢，可以賺多少錢回來？

通常我們用這個指標來比較同一產業公司之間的獲利能力，以及公司經營階層為股東創造利潤能力的強弱，是非常重要的指標。ROE 號稱是股神華倫‧巴菲特（Warren Buffett）最重視的指標之一，因為他認為，當公司的 ROE 保持在一定的高水準，就代表公司業務處於高度成長階段；股東權益會隨著公司獲利的累積而逐年增加，股東權益報酬率若保持不變，則代表獲利有等幅的成長。

Q ROE 多少以上算是優質公司？有沒有一個標準？

A 分析師以 ROE 選股時，要求的條件是 ROE ＞ 15％，這個指標，不管是臺灣或美國股市，都可以適用。不過，因為 ROE 沒有考慮到公司財務槓桿的程度，所以像金融、證券及公用事業等，這些必須運用大量財務槓桿的行業，就不適合單獨用 ROE 這項指標來檢視，最好配合「總資產報酬率」（ROA）作輔助。

> **重點** 股東權益報酬率：數值愈高愈好！
> 此數值代表公司經營階層為股東創造利潤的能力、應配合總資產報酬率（ROA）作輔助判斷。

Q 要用總資產報酬率（ROA）來輔助的意思是？

A 我們用「總資產報酬率」（ROA）來衡量經營團隊是否充分利用公司總資產，創造出利潤。因此不管公司的資產來源為何，是舉債而來，或是來自於股東的資金，都含括在內。

由於公司運用財務槓桿程度的高低，對經營風險有一定程度的影響，因此這個指標適合評估高財務槓桿的產業，例如金融、證券及公用事業等。尤其 ROA 是業界衡量銀行盈利能力最為廣泛的的指標之一，ROA 指標愈高，代表企業在增加收入和節約資金，以及資產利用的效能良好；反之，代表公司運用資產的效率不彰。

除了投資人與分析師會關注這個數字，金融業監管人員，特別是銀行業者，在做盈利分析和策略管理的時候，也需要關注這一項指標。如果一家銀行的 ROA，在一個會計年度的前三個季度持續下降，卻在第四個季度突然上升時，就有必要檢視它的盈利情況。

觀念速解

資產報酬率

資產報酬率＝［稅後損益＋利息費用 X（1－稅率）］÷ 平均資產總額

對於必須運用大量財務槓桿的行業，ROA 數字相對較低，所以，投資人在實際運用上，最好和股東權益報酬率（ROE）搭配輔助檢視。

2 個關鍵指標，評估股價是否膨風

Q 每股盈餘和本益比這兩個指標，似乎也是投資人和分析師常用的選股指標？

A 對投資者和分析師來說，通常會先看每股盈餘（EPS），再搭配其他的數據。「每股盈餘」是指公司經過一段時間，可能是一季或一年的經營之後，每一股可以賺到的金額；金額愈高代表這家公司的獲利能力愈好，將來分給股東的股利也可能愈多；而投資報酬增加，自然吸引更多潛在的投資人來買這家公司的股票，股價因此上漲。

相反地，EPS 愈低，代表公司的獲利能力愈差，能分給股東的紅利就有可能愈少；因為賺不到錢，很多投資人當然就不看好這檔股票，股價就不動如山或是一路下滑。

原則上，用 EPS 比較公司本身的獲利變化，但由於無償配股、現金增資及公司債轉換等因素，會造成股本變化，因此 EPS 很少單獨使用。以目前的投資研究來說，都是將股價和 EPS 相除，得到一個常用的評價指標，也就是「本益比」（P／E）。

觀念速解

每股盈餘

每股盈餘＝（稅後淨利－特別股股利）÷加權平均已發行股數

觀念速解

**無償配股
公司債轉換**

公司利用盈餘的一部分，轉增資發行股票，再依比例配發給公司持股的股東，股東不用花錢就有新股票，因此稱為「無償配股」。

公司債轉換是一種可以轉換為普通股的公司債，即為俗稱的「可轉換公司債」。

<重點> 每股盈餘：數值愈高愈好！

此數值會因股本變動而影響。

Q 什麼是本益比（P／E）？

A 「本益比」（P／E）中的「本」，是指股票的每股市價，也是投資人買進股票的成本；「益」是指公司的每股稅後純益。因此，本益比（P／E）就是「每股股價」除以「每股稅後純益」所得到的倍數；而這個指標通常是分析師據以評估股價是便宜還是昂貴的數據！例如 A 公司股價 15 元，EPS 是 1 元，因此 A 公司的本益比為 15，表示 A 公司股票的市價是其 EPS 的 15 倍。

本益比＝股價÷每股盈餘

本益比的倍數愈低，代表投資人可以用愈低的價格買到投資標的，相對來說投資報酬率就會比較高。也因此，本益比的倒數代表投資報酬率。

本益比＝「購買成本」與「獲利」間的比較

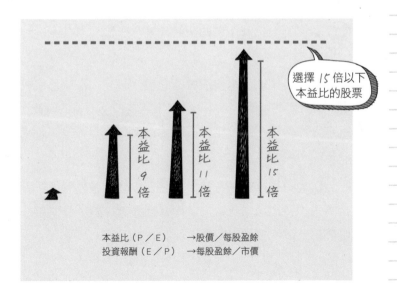

Q 可以用本益比評估個股在產業中的價值嗎？

A 可以啊！例如剛剛計算出 A 公司的本益比為 15，假設 A 公司所屬行業別平均本益比為 10，表示 A 公司的本益比高出其行業別平均本益比 50%。A 公司可以享有較高的本益比，可能是 A 公司為該產業的標竿企業，或者較具有成長性。一般而言，本益比在 20 倍內都算不錯的股票，但是以分析師選股條件來說，會選擇本益比（P ／ E）在 15 倍以內的股票！

有兩種情況不適合用本益比來選股，一種是空頭時期，另一種是較有潛力、高度成長的股票。因為本益比（P ／ E）的分母為「每股盈餘」，在空頭時期很多產業根本賺不到錢，所以不見得有盈餘，甚至有可能會出現負數。

另外，獲利率較高且較有成長潛力的產業，例如電子產業，因為投資人重視「每股盈餘」的獲利性，期待分母的「每股盈餘」未來會變大變多，這時候，投資人會容忍較高的本益比。

Q 景氣的變化及市場的樂觀程度會影響「本益比」的高低嗎？

A 當市場預期未來經濟會蓬勃發展時，本益比通常較高；反之，則較低。另外，當市場氣氛較為樂觀的時候，投資人通常會願意接受較高的本益比——不管是個股或是整體市場的本益比。

這也可以說明，為何大多數人貪婪、爭先恐後買股票時，本益比通常比較高；而當大多數人對於股票避之唯恐不及時，本益比通常比較低的原因了。

Q 所以「本益比」低，代表是買進的時機嗎？

A 不見得！這跟我們買水果一樣，便宜的水果不見得比較不甜；而香甜的水果也不見得會比較貴的道理一樣。衡量本益比是否合理，是否可以買進，更重要的是考量個股的基本面；其中最重要的因素，就是產業或個股未來的成長性如何。如果某個產業擁有較高的獲利成長性，相對可以享有較高的本益比。

比如金融海嘯後，雖然預估美國經濟成長率可能放緩，一般企業平均獲利成長也有可能不如預期，但我們可以觀察企業的資本支出是否逐年成長。因為企業願意提高資本支出，代表看好未來，在前景可期之下，每股盈餘也會提高，自然也會影響市場的本益比。

Q 看「本益比」數字時，還要注意什麼嗎？

A 要注意利率，利率水準也會影響合理本益比高低的判斷。當市場的利率水準較低時，合理的本益比水準應該要較高。為什麼呢？因為本益比的倒數代表投資報酬率；因此當市場利率水準較低時，投資人要求的投資報酬率也會跟著降低，合理的本益比也就升高了。

2008 年之後美國聯準會打算持續維持低利率的環境長達數年之久，預估將讓市場資金利率下降；但是 2018 年之後，市場已經傳出 Fed 已經啟動生息循環。因此，美股的合理本益比未來應有向下調整的空間，投資人可據以調整投資策略。

> **觀念速解**
>
> **資本支出**
>
> 「資本支出」指的是購置土地、廠房、設備等固定資產的支出。

重點 本益比：數值＜ 20 為良好、數值＜ 15 為分析師選股要件！
空頭時期較不適用，具潛力的電子產業也不一定適用。

檢視「經營能力」，先看應收款項週轉率

Q 有哪些指標可以幫助投資人解讀企業的經營能力？

A 我們觀察經營能力，會特別注意幾個週轉率，包括「應收款項週轉率」、「存貨週轉率」、「固定資產週轉率」、「總資產週轉率」，這些數值不應該太低，否則一家公司沒有足夠的營業收入，會無法生存下去。

「週轉率」是指銷貨與應收帳款之間，產生營業收入動能的高低，理想狀況應該盡量讓現金快點流進來。

 公司的應收款項，當然是愈快回收愈好，一方面是可以減少呆帳產生的機會，另一方面是避免營運資金積壓、損失利息，喪失再投資的機會。

Q 這麼說來，「應收款項週轉率」數值愈高愈好囉？

A 是的，這個數據不但代表一家公司收款的能力，也代表公司有較強的議價能力！通常，一家公司的產品品質優良、商品供不應求，就不會接受下游客戶太寬鬆的付款方式，多半會要求銀貨兩訖、現金取貨，鮮少接受賒帳。如果是獨占或寡占的龍頭廠商，有時甚至強勢要求客戶全部以現金交易，這樣的公司「應收款項週轉率」自然比較高。

「應收款項週轉率」的高低，也跟景氣榮枯有關。通常在景氣較好的時候，下游廠商的售貨狀況較為理想，企業為了早一點取得料源以備進入生產階段，通常會較積極的清償貨款，這時候，「應收款項週轉率」就會較高了。

相反地，如果景氣不好，下游廠商面臨貨品滯銷的
情況較為嚴重，資金較不寬裕的情況之下，對於貨款的
支付，自然是能拖就拖。此外，如果是二、三線的公司，
或是公司的產品品質每下愈況，因為條件相對不好，只
好在收款條件上做些讓步，就會產生「應收款項週轉率」
逐期下降的狀況，代表這家公司的經營效能降低，未來
是否會在財務狀況上出現問題，就值得追蹤觀察了！

特別要注意的是，如果公司放帳的對象是關係企
業，很可能就是掏空公司資產的前兆。

Q 有時候，企業收的是支票，而且支票到期日是三個
月或是半年後，這該怎麼評估？

A 有時候看到某些公司的「平均收現日數」竟然超過
半年！這種時候可以觀察該公司的往來對象。有些中小
型企業因為和大公司往來，需要接受對方開立支票，且
為了業績與營業收入，不得已只能接受大廠較為嚴苛的
付款條件。像這種狀況必須另當別論。

因為能跟大公司合作，代表該公司品質穩定，受到
大廠、大公司的認證肯定；有了這些大客戶的背書肯定，
即使「應收款項週轉率」較低、「平均收現日數」較長，
也不能說這家公司的經營狀況出了問題。

如果硬為了提升「應收款項週轉率」，卻得罪大客
戶而被抽單，可能得不償失，反倒不如拿大公司開的支
票到銀行貼息取現，犧牲一點利息就能靈活運用資金。

觀念速解

平均收現日數

平均收現日數 = 365 /
應收款項週轉率

當收帳期間愈短，表示
應收帳款的變現性愈
大，從這裡可以看出公
司的收帳能力。

重點 應收款項週轉率：數值愈高愈好！
具寡占地位或是競爭力強的企業，數值較高。

商品熱不熱銷？看存貨週轉率

Q 如果東西賣不好，商品銷售不出去，存貨愈來愈多，是不是也代表企業經營能力有問題？

A 沒有錯。每家公司都希望貨品銷售數量越多越好，但並不是所有商品都熱銷，因此控制「存貨」的數量，也是企業經營很重要的課題。所謂的「存貨週轉率」，用來衡量公司每製造出一塊錢的存貨，能為公司創造出多少的銷貨量？評估的時間通常是一年內。

如同「應收款項週轉率」一樣，「存貨週轉率」愈高，表示存貨量愈低，該公司管理存貨的能力也愈強；換算成平均售貨的天數，也就愈低，代表每銷售出一批貨品的時間愈短。

「存貨週轉率」愈低，表示公司的存貨數量相對較高；堆積存貨也就等於積壓營運資金。除此之外，還會衍生存貨品質變差、過時、沒人要買、需要報廢、浪費倉儲成本等，造成損失的問題。

Q 這樣說來，觀察一公司的經營管理能力，「存貨週轉率」是一項不可或缺的指標囉？

A 對！但是不同產業及特性的公司，會有不同水準的「存貨週轉率」，例如食品和藥品過了保存期限，就會變質無法食用；3C 產品汰舊率很高，推陳出新速度很快，新產品一推出，舊款式可能就滯銷了，舊貨放在倉庫裡，愈放愈不值錢，最後成了廢品。

對營建業而言，「存貨週轉率」更是重要的一項指標。因為一般營建業裡的「存貨」，包括預備銷售的土地或蓋好的房屋、或者是還在興建中的房子，如果在短時間就能銷售一空，「存貨週轉率」自然很高；如果面臨不景氣或者推案太差，庫存餘屋一堆的話，後果不堪

觀念速解

平均售貨日數

平均售貨日數 = 365 / 存貨週轉率

如果數值比同期同業或是較往年同期要高的話，表示銷售速度變差，存貨可能有不當積壓的現象。

觀念速解

存貨週轉率

存貨週轉率 = 銷貨成本 ÷ 平均存貨額

設想！

　　因為土地跟房子，要面對的是高額的土地融資與建築融資利息，如果「存貨週轉率」太低，將會嚴重侵蝕獲利！因此，觀察營建業「存貨週轉率」高低，遠比「應收款項週轉率」重要。但對於銀行業，沒有庫存和商品，就沒有所謂存貨週轉率可資參考。

 存貨週轉率：數值愈高愈好！
營建業的存貨週轉率普遍偏低，銀行業則沒有存貨週轉率可參考。

哪些產業對存貨週轉率很敏感？

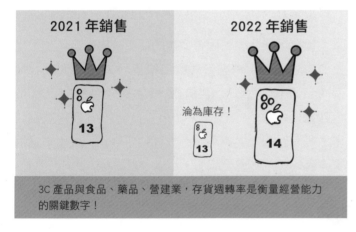

2021 年銷售　　2022 年銷售

淪為庫存！

3C 產品與食品、藥品、營建業，存貨週轉率是衡量經營能力的關鍵數字！

機器設備是否閒置？看資產週轉率

Q 企業也會花大筆的資金添購設備或是買土地、蓋廠房，針對這些項目的使用效率，有沒有哪些指標可供評估呢？

A 我們可以從「固定資產週轉率」和「總資產週轉率」的高低，來衡量公司使用資產、管理資產的效率。企業

觀念速解

固定資產
週轉率

固定資產週轉率＝銷貨淨額 ÷ 平均固定資產淨額

要產出成品、進而銷售出去，一般是先要有土地、蓋好廠房，再安裝機器設備、僱用員工之後，才開始生產出產品。因此，由公式上的定義來看，「固定資產週轉率」是衡量企業體每一塊錢的固定資產，可以衍生出多少的銷貨數量。

類似的概念在不同的產業會有不同的名稱，例如製造業會使用「產能利用率」或「稼動率」；航運業就會有「貨物搭載率」的說法，這些指標都是用來衡量公司的經營管理效率。

通常「固定資產週轉率」數值愈高愈好；相反地，數字愈低，表示該公司運用固定資產的效能愈差。例如：一臺機器本來一天可以生產出 1000 個商品，但是因為訂單數量太少，變成一臺機器一天只製造出 500 個商品。

也有可能是公司固定資產的使用效率很差，例如機器過時、老舊，別家公司的新機器一天可以生產 1000 個商品，但這家公司的舊機器一天只能生產 500 個商品，導致缺乏生產力。因此，如果要活化「固定資產週轉率」，可能的方式有兩個：提高銷售數額、或者降低固定資產的數量（或金額）。

 固定資產週轉率：數值愈高愈好！
撿視固定資產是否被有效利用。

觀念速解
總資產
週轉率

總資產週轉率＝銷貨淨
額÷平均資產總額

Ⓠ 有沒有一個檢視整間公司資產效率的數字比率？

Ⓐ 當然有呀！就是「總資產週轉率」，它的計算方式是公司銷貨總金額（淨額）除以總資產，它是綜合評價企業全部資產經營品質和利用效率的指標。一般來說，這個數值愈高，代表公司運用整體資產的效率愈好，營運能力也就愈高。

　　以上這兩個指標同樣都是以「銷貨淨額」為分子，差別在分母是「固定資產淨額」或是「資產總額」。企業可以透過薄利多銷的方式，加速貨物的週轉，使利潤額增加；也可以處分總資產中未有效利用的部分資產，以提高資產使用的效率。

 總資產週轉率：數值愈高愈好！
反映企業對整體資產使用效率的高低。

檢視「償債能力」，面對風險的能力

Ⓠ 企業常常透過舉債，擴大槓桿操作，希望獲得更大的報酬。但是借錢總是要還錢，投資人該怎麼判斷這家公司有沒有還款能力？

Ⓐ 企業的確可以嘗試透過舉債，買進機器設備、原料、廠房、擴大生產能力，進而提升獲利能力。但是，並不是每一家公司都能夠舉債經營！一家公司的體質好不好？經營團隊的能力如何？甚至包括外在的景氣循環、產業經營環境等等，各種因素都會讓公司面對不同程度的經營風險。因此，企業在借款之後，有沒有足夠的能力還款，也是投資人要注意的事項。

觀念速解

景氣循環

景氣循環是指長期經濟發展過程中，經濟活動從活絡時期到低迷時期，一整個波動交互變動的現象。

　　要特別注意的指標有三項：流動比率、速動比率以及利息保障倍數。「流動比率」是指每一塊錢的「流動負債」，公司有多少的「流動資產」可供清償。它是衡量公司「短期」償債能力，最基本也是最重要的觀察指標。

　　也有人稱這個指標為「銀行家比率」。由此名稱可知道，銀行等債權人相當重視這項比率，一般來說，以兩倍為理想的數值！

觀念速解

流動比率

流動比率＝流動資產÷
流動負債

Q 「流動比率」數值愈高，對於債權人愈有保障嗎？

A 對！可是如果「流動比率」太高，投資人就要觀察，是流動資產數字太大？還是流動負債數字太小？如果是流動資產過大，要留意是否存貨過多？還是應收帳款過高？如果是刻意隱藏某些負債，而讓流動負債數字變得較小，如此一來，出現較高的「流動比率」反倒不是件好事了。

因此，若想透過「流動比率」去推估該公司償債能力的話，應該要多觀察幾期的趨勢變化，比較容易瞭解該公司處理債務的態度。如果存貨和應收帳款這兩個數值表現平穩，比率增加的原因是現金及短期投資增加，那麼「流動比率」的向上趨勢變化，就值得稱許了。

 流動比率：通常以兩倍為理想的數值。
衡量公司「短期」償債能力最基本的指標。

2 個關鍵指標，及早避開地雷股

Q 那麼速動比率呢？這個數字看的是什麼？

A 如果要更嚴苛地檢視公司的變現能力，也就是萬一公司遇到緊急狀況，有沒有能力馬上拿出現金應急，就要看「速動比率」。一般來說，「速動比率」最好能夠大於 1，小於 1 代表公司的償債能力不佳。如果數值低於 0.5，代表該公司的財務真的很吃緊。

觀念速解

速動比率

速動比率＝（流動資產－存貨－預付費用）÷流動負債

「速動比率」是由「速動資產」計算而來；「速動資產」則是「流動資產」去除掉其中變現能力較差的「存貨」和「預付費用」，只留下「現金」與「應收帳款」。

原則上，這個數值最好是愈高愈好；但是，若數值超過 2 或是 3，就跟前面的「流動比率」太高一樣，代

表該公司對資產的運用較沒有效率，也就不是一件值得欣喜的事了。

重點　速動比率：數值應大於 1，但不大於 3。
若數字小於 1，代表公司償債能力不佳；小於 0.5，代表財務吃緊。

觀念速解

利息保障倍數

利息保障倍數＝所得稅及利息費用前純益 ÷ 本期利息支出

Q 什麼是利息保障倍數？也和公司的償債能力有關嗎？

A 顧名思義，「利息保障倍數」是在檢測一家公司有沒有能力支付即將到期的利息費用？支付的能力又有多好？如果一家公司一年賺得的稅前收益，連利息費用都支付不過來的話，哪還有能力還債？

「利息保障倍數」最好能夠大於 1；通常數值愈高，代表公司支付利息的能力愈強，債權人就愈有保障，也說明這家公司有賺錢的能力，有資格進行較高槓桿倍數的財務操作。

不過，這項比率只適合運用在景氣變化較為穩定的產業，如果產業波動變化劇烈，公司的獲利數字很容易忽高忽低，「利息保障倍數」數值當然也會忽高忽低。例如原物料族群類股，很容易因為景氣波動而讓淨利數字劇烈變化，如果單單以「利息保障倍數」來判斷這家公司短期償債能力的效果，就不是那麼理想了。

重點　利息保障倍數：數值應大於 1。
不適用波動太大的產業。

檢視「現金流量」，搶先看透公司未來

Q 很多企業因為現金不足變成黑字倒閉，那麼，有沒

有什麼指標可以評估一家企業的現金是否足夠因應營運所需？

(A) 我們可以透過三大指標來衡量。這三大指標為：「現金流量比率」、「現金流量允當比率」以及「現金再投資比率」。

「現金流量比率」分析一家公司營業產生的現金，是否足以償還流動負債。跟前面介紹的「流動比率」、「速動比率」不同；前兩個比率代表某一個時間點的「靜態金額」，而「現金流量比率」是以公司整年度營業活動所產生的現金，採用「動態金額」的流量狀況來衡量。

如果這個指標經常維持在 100% 以上，表示資金運用效率持續改善中；如果連續兩年數值低於 100%，而且跌幅相當大，或是跌幅逐漸增加，就可以判斷這家公司的資金運用情況正在急速惡化當中。

很多破產的企業在損益表呈現虧損以前，「現金流量比率」已經先大幅度下跌；因此，「現金流量比率」有時候會被視為財務是否惡化的先行指標。

重點 ▶ 現金流量比率：數值在 100% 以上，表示資金運用效率持續改善；連續兩年低於 100% 且跌幅增大，代表企業財務惡化。
此為財務是否惡化的先行指標。

(Q) 這些數據大家都看得到，還有沒有什麼辦法，我可以搶先知道一家公司的狀況，免得來不及賣股票？

(A) 「現金流量允當比率」是用來分析公司透過「營業活動」所產生之現金，是否足以支應公司再投入「資本

觀念速解
現金流量比率

現金流量比率＝營業活動淨現金流量 ÷ 流動負債

觀念速解
現金流量允當比率

現金流量允當比率＝最近五年度營業活動淨現金流量 ÷ 最近五年度（資本支出＋存貨增加額＋現金股利）

支出」、增加「存貨」與發放「現金股利」這三項需求。

這個指標的數值最好大於 1，表示公司最近五年營業活動產生的淨現金流入，對於支付最近五年度的資本支出、增加存貨數額和發放現金股利的金額，綽綽有餘。

如果這個數值小於 1，表示該公司最近五年度營業活動所產生的淨現金流入，並不足以支付該公司最近五年添購新設備、增加存貨數額或發放現金股利等支出。而不足之數，不是得仰賴其他資金來源，就是必須再借錢才行了。

若有這個現象，可以密切觀察公司後續發展，若數值沒有往正向發展，就可以考慮出脫股票。

 現金流量允當比率：數值應該 ≥ 1。

Ｑ 那麼有沒有哪一個數字，可以看出公司未來發展的潛力如何？

Ａ 可以注意「現金再投資比率」，這個數字代表公司將營業活動賺得之資金，再投資於相關資產之比率。也就是說，我們可以從這個數字看出來，當企業面臨長期業務發展、長期投資需求，而需要添購機械設備或是買土地、蓋廠房時，能不能透過營運活動所產生的現金流量支付這樣的開銷。

當這個數值比率愈高，表示企業可再投資於各項資產的現金愈多，也就是企業再投資能力愈強；相反地，則表示企業再投資能力愈弱。一般來說，這個比率以 8% 到 10% 為良好範圍。

觀念速解

現金再投資比率

現金再投資比率＝（營業活動淨現金流量－現金股利）÷（固定資產毛額＋長期投資＋其他資產＋營運資金）

檢視「財務結構」，以免錯失成長股

Q 和財務結構相關的比率，比較重要的有哪些？

A 「負債占資產比率」及「長期資金占固定資產比率」這兩項。「負債占資產比率」一般簡稱「負債比率」，這個比率相當重要，因為它透露出這家公司的資金來源（主要是對外舉債）是「借來的」？還是「自有的」？如果數字超過 50%，代表這家公司有一半以上的資金都是借來的。

Q 報章雜誌刊登某家公司「負債占資產比率」超過 50%，是否代表這是家不好的公司？

A 「負債占資產比率」通常用來比較同一產業公司間資金來源的差異；外界一般認為「負債比率」大於 50%，代表該公司財務結構相當不穩健。通常這是一種警訊沒有錯，但是在某些產業、或是大環境景氣影響的情況下，就會出現例外。

如果只看單一數據，而有「公司的負債比率大於 50%，就是不好」的刻版印象，可能會與某些具有潛力、爆發性的上市企業失之交臂，錯失買到飆股的好時機。因此判斷「負債比率」，除了「跟自己比」、「跟別人比」，還要注意景氣跟產業這兩個變數。

一般而言，公司負債比率應在 40% 以下，但金融業的負債比率一般會在 90% 以上。

觀念謎解
負債比率

負債佔資產比率＝負債總額 ÷ 資產總額

「負債比率」偏高產業：航空、海運、營建業

Q 有哪些產業會特別因為產業特性，導致它的「負債比率」偏高，反而是常態呢？

A 一般來說，景氣好的時候，企業為了衝業績舉債經營，反而有比較高的機會賺取比較高的收益。通常這時候的「負債比率」，數字相對較高，但不會被視為是財務結構不佳，反倒是公司經營管理階層借風駛帆的靈活操作之舉。

但是，景氣趨緩甚至走下坡時，經營就要相對保守。在相同的「負債比率」之下，萬一賺得不夠多，經營的利潤就會被稀釋；萬一賺到的錢連利息都不夠支付，那麼此時的「負債比率」過高，很容易讓公司陷於被追債的風險。

在同樣的景氣之下，研判「負債比率」高低的另一項變數，就是產業類別。因為行業特性的關係，有些產業的負債比率比一般公司來得高。例如金融業、重工業、航空業、海運業還有營建業等，因為這些都是資本密集、資金需求比較大的行業；因此，「負債比率」比一般產業來得高，反而是常態。

Q 為什麼這些產業的負債比率比較高，還被視為是正常狀態？

A 當存款戶把錢存入金融業，對於金融業者來說，就是負債；銀行當然希望有更多存款，才有機會賺到更多的存放款利差，於是高「負債比率」就會變成金融業的常態。

重工業則是因為固定資產投資金額較多，就有較大可能是舉債經營，也就被容許有比較高的負債比率；反

倒是輕工業的負債比率就不宜過高。其他像是航空及航海、船舶業，因為買飛機及船舶需要大筆資金，而這些資金來源，多半也來自金融業的借款，因此，也會有較高的負債比率。

營建業在前面已經解釋過了，在大量推建案的時候，負債比率通常會突然竄升。因為如果有幾件大建案同時推出，買土地時的「土地融資」需要大筆資金，蓋房子時的「建築融資」數額也會提高，這兩項因素加起來，自然會讓營建業在某一段時期的負債比率會突然地變高了。

Ⓠ 企業的負債比率會在什麼情況下激增？

Ⓐ 通常發生在企業要擴充的時候！有些國際化程度較高的公司，當海外子公司要擴充版圖、購買機器設備時，要在國外跟銀行融資，可能比較不容易借得到錢，就會回頭仰賴母公司的金援，於是母公司的負債比率也會突然變高。

因此，當我們看到某一家公司或某一個產業的「負債比率」相對較高時，不論是不是超出 50%，投資人都必須要檢視一下產業別，或是考量景氣興衰，才不會誤判形勢！

 負債占資產比率：一般公司在 40% 以下，金融業常在 90% 以上。
需同時留意產業和景氣狀態。

挖東牆補西牆？看這個數字就知道

Ⓠ 企業要購置「固定資產」或是長期投資的資產，通常金額都會比較大，我們怎麼知道企業有沒有能力賺回

這些錢？或者企業是否錯誤投資？

（A）其中有一項關鍵是企業購買固定資產的資金來源，是來自於股東的資金，屬一年以上的長期借款或是短期的資金借款？這一點可以從「長期資金占固定資產比率」看出，這個數值又簡稱為「固定資產長期適合率」。

如果企業購置「固定資產」的資金來源是短期的週轉金貸款，萬一債權人不借錢了，或是銀行抽銀根，公司就會面臨缺錢的窘境，最後演變成要倉卒處分這些固定資產以償還貸款。在時間緊迫的情況下，不是賤價出售，就是要認列高額的處分損失，這對企業來說，是一大打擊。因此這個比率數字，就是要讓我們瞭解這家公司是不是「以短支長」，公司流動現金充不充裕，以免發生公司明明有賺錢，卻因為週轉現金不足而信用破產的狀況。

一般來說，「長期資金占固定資產比率」要大於 1，財務狀況才算是健康的，而且適用於各行各業。如果這個比率小於 1，可能是因為這家公司的債信不好，所以債權人不願意長期貸款。或者股東不願意再投資固定資產或做長期投資的規劃，所以沒有資金入袋。

由於企業借不到長期資金，只好從短期借款下手，導致「借新債還舊債」，長期借錢度日。這種「以短支長」的週轉方式，在景氣好的時候，或許勉強可以過關，但如果是遇到 2008 年這種等級的金融海嘯，「長期資金占固定資產比率」小於 1 的公司，根本過不了關，很有可能最早被市場淘汰。

觀念速解

長期資金占固定資產比率

長期資金占固定資產比率＝（股東權益淨額＋長期負債）÷固定資產淨額

重點 長期資金占固定資產比率：數值最好＞1，此比率適用於各行各業。若數值＜1 的公司，在不景氣時，很可能應聲倒地。

QE 是什麼？
不可不知的貨幣政策

美國政府政策走向不但影響上市企業的營收，龐大資金潮也影響了包括美國股市在內的各國股市漲跌。

單元重點

- 政府政策：貨幣政策＋財政政策
- 貨幣政策「雙率」管天下
- 利率兩大主軸：重貼現率和存款準備率
- 匯率：貶值救出口產業，升值救進口產業

量化寬鬆政策，美股開紅盤的強心針

Q 金融海嘯過後的幾年間財經媒體評論美股時，總愛提到 QE、失業率、採購經理人指數等聽都聽不懂的「名詞」，這些和投資美股有什麼關連？弄懂了又有什麼好處？

A 這些名詞，有些講的是美國政府的經濟政策，有些是反映美國經濟情況的重要數據。請大家注意囉！美國的金融體系非常敏感，政府政策走向不但會影響上市企業的營收，經濟數據好壞也會影響股市的表現，所以不想隨便買、隨便賣的話，一定要暸解這些名詞代表的意義。

Q 既然財經名詞很重要，那什麼是 QE1、QE2、QE3？

A 從金融海嘯以來，美國依序實施 QE1、QE2、QE3，大家聽了好幾年，應該很好奇這是什麼東西吧？

　　QE 即「量化寬鬆政策」（Quantitative Easing），這是貨幣政策的一種。當經濟狀況不好，很多人失業、不敢消費，很多企業沒有賺錢、不敢投資，民眾和企業沒有還款能力，銀行手上呆帳很多、沒有能力再借錢出

觀念速解

金融體系

凡是專門從事各種金融活動的組織，都被稱作「金融機構」，包括：中央銀行、商業銀行、農會、合作社、保險公司、證券交易所、證券公司等等，都包含在其中。

觀念速解

呆帳

呆帳又稱作壞帳、呆壞帳，代表應收帳款無法收回的部分。這個部分屬於費用類，數值會列在損益表中。

去，就會導致經濟上的惡性循環。

於是，美國政府決定採用「量化寬鬆政策」，由政府印鈔票，把政府公債或某些符合評等的公司債券買回來；原先投資政府公債和公司債券的銀行，因為得到新的資金，就有能力用超低利率借錢給民眾或企業。

換句話說，「量化寬鬆貨幣政策」是美國央行大量印製鈔票，把錢直接注入到市場上去，讓市場馬上就有資金可以使用！這是救股市和救經濟最猛的一帖藥。

美國政府印鈔票、救經濟

Ｑ 既然 QE1、QE2、QE3 救的是美國經濟，為什麼全世界要關注這個政策？

Ａ 因為地球是平的啊！簡單來說，專業投資人在全世界尋找獲利機會，當美國長期維持低利率，就能從美國借錢出來投資其他國家的股市、債市、房市等，賺取中間價差。然而，目前美國、歐洲、中國的經濟情勢逐漸轉佳，QE 已經開始慢慢退場了。

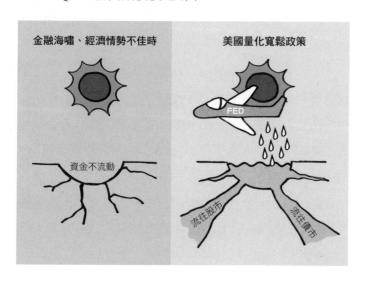

這就是為什麼美國在啟動第三次「量化寬鬆貨幣政策」之前，全世界都在問：美國會不會有 QE3 ？內容是什麼？結果揭曉，美國於 2012 年 9 月啟動 QE3，除了宣布「無限期購買」，還宣稱將維持超低利率水準到 2015 年。隨後，因為新冠肺炎肆虐全球經濟，聯準會在 2020 年 3 月 15 日，降息四碼至零利率；甚至承諾將「無上限」購入美國公債和抵押貸款證券，也就是決定「無上限」的量化寬鬆，支持美國經濟，短短兩年，讓道瓊工業指數幾乎翻倍！

> **重點** 股市是經濟的櫥窗！當經濟問題改善後，人民願意消費，在股票市場上掛牌的公司才有機會獲利；企業一旦獲利，股價上漲，股民們賺到錢，更願意投資股票，股價才更有上漲的空間。

貨幣政策降息救市，有助熱錢流入股市

Q 剛才老師說 QE 是貨幣政策，什麼是貨幣政策？

A 概括來說，貨幣政策是針對「利率」和「匯率」兩者的調整；利率包括升息和降息，匯率則是本國貨幣對他國貨幣的升值和貶值。

大家還記得彭淮南吧？他是臺灣的前任央行總裁，連續多年在《全球金融》（*Global Finance*）雜誌針對全球中央銀行總裁的評比裡，被評為 A 級，有 14A 總裁美譽。彭淮南主導的臺灣央行，就是臺灣貨幣政策的舵手。

透過「調整利率」和「控制貨幣供給量」等手段，一國的中央銀行或是貨幣管理機構，比如美國的 聯準會 （Fed），就能刺激或減緩經濟成長率，以達到某些總體經濟目標。

觀念速解

聯準會

聯準會全名為美國聯邦準備理事會，又稱為美國聯邦準備系統（Federal Reserve System, Fed），是美國中央銀行體系。

聯邦準備系統包括：聯邦準備系統理事會（Board of Governors of The Federal Reserve System）、聯邦公開市場委員會（Federal Open Market Committee，FOMC）、聯邦準備銀行（Federal Reserve Banks）、約 3000 家會員銀行及三個諮詢委員會（Advisory Councils）。

　　貨幣政策的優點是，它可以針對當時的經濟情況，及時因應調整，通常只要央行召開理監事會議，達到共識後就會公布實施。

Q 美國的貨幣政策也是由央行主導嗎？

A 美國的貨幣政策由聯準會主導，旗下的聯邦公開市場委員會負責公開市場操作，聯邦準備系統理事會負責調整「聯邦基金利率」及「存款準備率」。可以說聯準會就是美國的央行。

Q 所謂的利率，到底有什麼重要性？

A 其實，從主管機關的角度來看，利率最主要的意義，就是影響貨幣供需價格。

　　當市場資金過剩（錢太多）或是景氣過熱（如不動產價格過高）時，貨幣主管機關會採行「緊縮性的貨幣政策」，通常會透過公開市場賣出有價證券或是發行定期存單。於是，金融機構可運用的資金將減少，如此將削弱金融機構放貸能力。

　　相反地，如果央行想提振景氣，可以透過公開市場買進金融機構持有央行認可之有價證券，將錢釋放出來，讓市場可用資金寬鬆。

　　因此，當貨幣的供給量大於需求量，利率就會下降；相反地，當貨幣市場上的需求量大於供給量時，利率就會上升。

> **觀念速解**
>
> **公開市場**
>
> 金融體系將交易市場分為「公開市場」和「協議市場」。在「公開市場」，個人和機構都能夠發放貸款和交易證券，但是交易量和價格都必須公開。

	緊縮性財政政策	擴張性財政政策
目的	降溫股市與經濟	提振股市與經濟
方式	★升息：調升聯邦基金利率／法定存款準備／重貼現率。 ★減少貨幣供給量：央行利用公開市場操作，賣出公債。	★降息：調降聯邦基金利率／法定存款準備／重貼現率。 ★增加貨幣供給量：央行利用公開市場操作，買入公債。
影響	股市降溫／景氣下降／物價下跌	股市熱絡／景氣回溫／物價上漲

貨幣政策幫國家經濟升溫、降溫 Part1：
利率 & 貨幣供給量

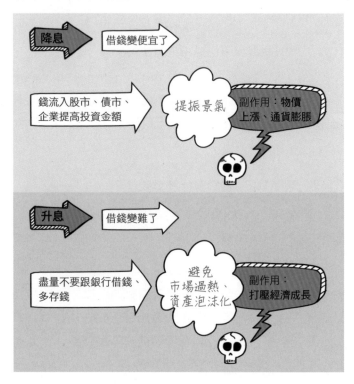

Q 聽起來，利率這件事好像跟我們沒什麼關係？

A 怎麼會呢！利率存在公開市場裡，跟我們每個人都有關係。比如說，有房貸、車貸、就學貸款和信貸的人，會因為升息的關係，每年要繳更多利息錢。而以降息來說，2008 年之後的幾年間臺灣房地產大漲，最開始的原因就是借錢的利息很低；大家算一算，發現拿租房子的錢來買房子還有剩，或是投資其他資產還不比當包租公和投資客來得有賺頭，慢慢有愈來愈多人投入，於是推升了房產行情。

而且利率也不完全是由政府政策決定的，反而跟我

們息息相關。簡單來說，當大家都把錢放銀行，不拿出來消費，也不願意或沒有能力投資，銀行手中就會累積太多錢，當銀行沒有辦法賺到更多錢，沒辦法給大家高額利息的時候，自然利率就會下降。

相反地，當人人都想創業賺大錢、人人都不想存錢而是拿去花掉，銀行沒有足夠的銀彈可以運用，就必須提高利率，以吸引大家把錢放回銀行。

換句話說，跟我們大家有關的經濟情勢影響了利率走向，而政府以釜底抽薪的方式，期望透過利率和貨幣供給量，反過來影響經濟情勢。

 貨幣的供給量大於需求量時，利率就會下降；反之，利率就會上升。

調降「重貼現率」，刺激經濟股市也翻紅

Q 財經新聞裡，常常提到央行或聯準會調降、調升重貼現率、存款準備率，這些是什麼？也和利率有關嗎？

A 沒有錯，經濟學上關於利率的討論，分成很多種。大致上有「貼現率」、「重貼現率」、「存款準備率」、「法定存款準備率」、「同業拆款利率」（聯邦基金利率）五大類。

我們很多時候會聽到央行升息或是降息，這時候，要注意到底是哪一種「息」，因為升降每一種「息」，影響的層面不盡相同。最容易影響股市的「息」，主要有兩種：「重貼現率」和「法定存款準備率」。

Q 什麼是重貼現率？

A 說明「重貼現率」之前，我們得先瞭解什麼是「貼

現」？貼現的意思是「貼息（利息）取現（現金）」。

舉例來說，假設小王持有一張支票，面額 100 萬，半年之後才到期，但小王現在就急著要用現金，這時候他可以拿支票去銀行質押借款。假設有家 A 銀行同意借錢給小王，A 銀行拿走支票以後，只給小王 98 萬現金，剩下的 2 萬是貼給 A 銀行的利息，這就是「貼息取現」。等到支票到期，A 銀行再去軋票領錢。

在這個例子裡，可以得出一個數字，叫作「貼現率」，意思是小王跟銀行調頭寸所需要付出的利率。計算方式是：利息 2 萬除以拿走的錢 98 萬，再折合成年利率，所以貼現率大約是 4%。

如果同一時間很多人需要現金，都拿著支票到銀行要換取現金，A 銀行估計開支票的人不會倒帳，就可以放貸，只要放貸出去的額度沒有超過限額就好。萬一 A 銀行的資金不夠，又想做貼現這筆生意，就可以選擇跟同業調現金。但是對方也是銀行，當然也要收利息，這時候就會產生「同業拆款利率」。

如果 A 銀行不跟同業借，而是跟「銀行中的銀行」央行借，央行會評估市場上的資金是否氾濫。如果市場上錢太多，容易引起通貨膨脹，央行就不會借；如果央行認為市場資金不夠充沛，便會願意借款。A 銀行拿著小王的支票去跟央行借錢，這樣「第二次」質押的行為，就是「重貼現」。

Q 重貼現率和股市有什麼關係？

A 如果客戶跟銀行的「貼現率」是 4%，而銀行跟央行之間的「重貼現率」是 3%，銀行還能從中賺到 1% 利差，代表央行很樂意銀行將資金貸放出去；相反地，

觀念速解

質押借款

指債務人（借錢的人）提供動產或第三人的動產，當作是給債權人（借錢給別人的人，如銀行）的擔保品。當債務人不履行債務時，債權人有權以該財產價款優先受償。

如果客戶跟銀行的「貼現率」是 4%，而銀行跟央行之間的「重貼現率」是 5%，銀行借錢給人還得自己賠上 1% 利息，代表央行不樂見銀行繼續將資金貸放出去。

從這個角度來看，當央行「降低」重貼現率，表示央行支持銀行放款以刺激經濟，股市也會跟著變好；而當央行「調升」重貼現率，表示央行不希望銀行持續放款，想要縮緊銀根，抑制通貨膨脹。

一般來說，央行在決定升息、降息之前，會透過調升、調降重貼現率，作為貨幣政策將要轉向的宣示。

 如果銀行和央行之間重貼現率低於貼現率，代表央行很願意將資金借出去。市場上資金充足，有助於推升股市！

「貼現」是民眾跟銀行借錢，
「重貼現」是銀行跟央行借錢

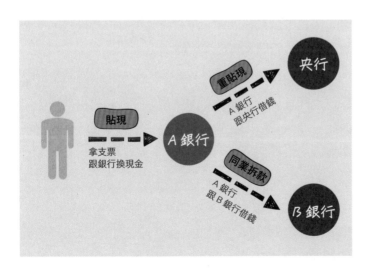

調降「聯邦基金利率」，美股必漲指標利率

Q 銀行跟銀行借錢的利率，也就是同業拆款利率，這個數字值得注意嗎？

A 打算買美股，就需要注意這個數字。臺灣央行採取的貨幣政策，多半是調升或調降「重貼現率」，宣示性意義大於實質性意義；而中國大陸的央行多半直接下重手，採取升降「法定存款準備率」的做法；至於美國，多半是調升調降「同業拆款利率」。

「同業拆款利率」在美國稱為「聯邦基金利率」（Fed Fund Rate）。我們常常會看到、聽到媒體或報章新聞說：美國聯準會調升或調降「聯邦基金利率」。其實，更精確的說法應該是，Fed 調升或調降聯邦基金「目標」利率。

為了提振經濟，從 2008 年金融海嘯以來，「聯邦基金利率」曾經調降至幾近於零的情況！

Q 為什麼強調是「目標利率」？

A 因為銀行很多時候不想讓主管機關知道自己缺資金，所以不到最後關頭，不會輕易跟聯準會借錢，反而會轉向跟銀行同業拆借款周轉。

聯準會透過「聯邦基金利率」這個指標利率，建議銀行之間互相借錢的利息應該是多少？除了提供指標，讓銀行明白貸放出去的資金應該怎麼加減碼，也希望利率能因此合理化。

另外，我們常聽到的兩個名詞，Libor（倫敦銀行同業拆款利率）和 Sibor（新加坡銀行同業拆款利率），指的是在倫敦以及在新加坡，銀行同業拆借款的參考指標利率。因為曾經發生交易員操縱數字的弊端，英國金

觀念速解

加碼、減碼

「碼」是跟利率有關的重要名詞：一碼的利率是 0.25%，加一碼就是利率增加 0.25%，減一碼就是利率降低 0.25%。

銀行或央行會透過加減碼，調整市場上的資金成本，且多是採取微調及循序漸進的方式。換句話說，如果今天利率增加／減少 1%，等於調升／調降四碼，這樣的幅度就很大了！

融行為監管局（Financial Conduct Authority，FCA）在
2017 年即宣布，自 2022 年起不再要求銀行提供 Libor，
此舉意味有著 30 多年歷史的 Libor，將退出金融舞臺。

 在利息較低的情況下，一般民眾較有意願借錢創
業、或轉去投資，股票市場才會活絡。因此，每
當 Fed 宣布調降或是調升「聯邦基金利率」時，
美股總會及時反映漲跌，其重要性可見一般！

隨著道瓊指數暴跌，聯邦基金利率調降到趨近於零

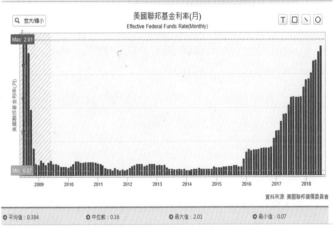

資料來源：stock-ai

指標利率	「聯邦基金利率」（Fed Fund Rate）
公布單位	美國聯邦準備理事會（簡稱聯準會，Fed）
公布時間	• 每年舉辦八次會議，行程會事先公布，但時間不一定 • 必要時候會召開臨時會議
重要性	• 代表短期市場利率水準 • 聯準會會設定目標區間，要求各銀行將利率維持在該區間之內，以維持利率穩定
影響	• 景氣好轉→升息→緊縮貨幣政策→抑制貨幣供給→預防通膨發生 • 景氣轉差→降息→寬鬆貨幣政策→增加貨幣供給→刺激經濟成長

資料來源：美國官方統計數字及道瓊指數

調降「存款準備率」，市場熱錢多股市受益

Q 那麼存款準備率，這個數字的意義是？

A 剛才說過，容易影響股市的「利率」主要是「重貼現率」和「存款準備率」，現在我們就來看看「存款準備率」。

金融機構常將存款區分成活期存款、活期儲蓄存款、定期存款、定期儲蓄存款等類型。存款簿上多了「儲蓄」兩個字，代表開戶的對象通常是一般的自然人，或是非營利性的法人，因為預期存款戶將來領款的頻率比較低，利率一般會給的比較高。

由於銀行的收入來源，有一部分就是放款（借錢給別人）和存款（別人拿錢來存）間的利差，因此，銀行會希望貸放出去的金額愈多愈好。可是銀行也得考量風險，若把錢都借出去了，在客戶想將存款領出時，就會因為領不到足額的錢而造成擠兌。

易言之，銀行必須保留一定比例的現金，以便供存戶提領，這就是「存款準備率」。由於客戶存款的種類（銀行稱做「存款科目」）不同，各個科目設定的存款準備率也有所不同。

Q 老師可以舉實際例子說明嗎？

A 假設銀行收取客戶 100 元的存款，只能貸放出去 30 元，剩下 70 元必須保留在銀行金庫裡，供客戶提領之需，那麼存款準備率就是 70%。一般來說，如果客戶開立的是定期存款，因為存戶提領的機會比較低，存款準備率會比活期的低。

每一家銀行的存款準備率不一樣，各有自己的內規，而央行為了統一管理，會訂出「法定存款準備率」，

觀念速解

自然人、法人

簡單來說，「自然人」就像是你、我、他一般的個人；而「法人」不是真的人，而是機關、團體和組織的代稱。

觀念速解

擠兌

當大批存款戶跑到銀行或金融機構，同時要求提領儲金，這種現象就是「擠兌」！通常銀行營運面傳出重大負面傳聞時，存戶擔心存款莫名其妙消失，就會引發擠兌。

各家銀行皆不得低於央行的標準！央行則會透過調升或調降「法定存款準備率」來調節市場上的資金。

當央行認為市場上的資金夠多了，就會調升「法定存款準備率」，使銀行可以放款出去的比例變小，市場上流通的資金就變少了。

重貼現率、法定存款準備率 Down，有利股市 Up

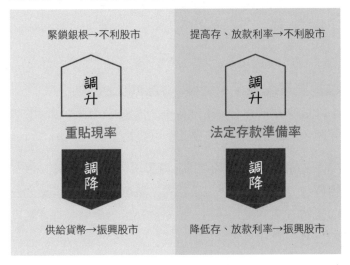

緊鎖銀根→不利股市	提高存、放款利率→不利股市
調升	調升
重貼現率	法定存款準備率
調降	調降
供給貨幣→振興股市	降低存、放款利率→振興股市

Q 剛才老師提到，中國央行常以升降「法定存款準備率」的方式，直接影響國家經濟走向，不太懂這是什麼意思？

A 「法定存款準備率」是央行規定銀行必須準備固定比例的存款準備金，這筆錢不得用於放款或其他投資用途，通常存在央行或是各銀行的金庫當中，沒有利息收入。因此對銀行來說，拉高存款準備率，可以貸放或做其他投資用途的資金比率相對變少。

當銀行可供放款的金額比例變少，就必須提高總

額，才能維持先前的利潤；換句話說，銀行必須吸引更多的存戶進來，因此會提高存款利息的方式。於是，當央行調升／調降「法定存款準備率」時，銀行自然而然也會同步調升／調降存款和放款的利率！

就像前面說的，如果央行宣布調升／調降「重貼現率」，多半只是宣示作用，實際效果有限；畢竟持有支票又有貼現需求的民眾少之又少。而如果央行宣布調升／調降「法定存款準備率」，就會對社會大眾的荷包產生直接影響。

匯率影響跨國企業營收，股價也受牽動

Q 既然利率會影響市場資金的活絡性，因而間接影響美股，那匯率的部分又有什麼重要性？

A 先來瞭解美國的產業。美國以服務業為主，約占總體經濟四分之三，尤其金融、航運、保險等產業，占GDP 的比重很高，所以，稱紐約為世界金融中心一點也不為過。

礦產方面，美國擁有黃金、石油等礦產資源，其餘多數能源由國外進口。農業方面，以玉米、小麥、糖和菸草為大宗，中西部大平原更是世界糧倉，農產品外銷全世界。至於旅遊業，美國更是排名世界第三！

當你瞭解美國主要產業的時候，才會明白當匯率產生變化時，哪些以進出口為主的產業會受到牽動？現在大多數的國家，都是以進出口貿易為主，因此匯率的變動會影響到一國的經濟，因為它左右跨國企業的營收，進而影響股價。各國央行致力於控制一國貨幣相對於他國貨幣的相對價值，這就是所謂的匯率。

一國的貨幣相對於貿易對手國貶值可以救出口，升值可以救進口！

Q 美元是各國貨幣升貶值的基準，那麼美國也會有匯率問題，所以匯率也會影響美國經濟嗎？

A 當然囉！匯率會影響企業的營收和利潤，尤其對跨國企業影響更大，美國股市因此隨之漲跌。

此外，以美國的農產品為例，它以出口為主。當美元相對於貿易對手國的幣值是貶值時，農產品賣到他國，報價變得比較便宜，相對也比較容易受到青睞，銷售成績單自然變得漂亮，出口值就會增多；這一增多便可以增加 GDP 的產值。

但是，也因為貨幣貶值，造成購買力降低，連進口其他國家原料和設備的成本都會提高，這就是貨幣貶值的副作用。

相反地，如果美元升值，貨幣購買力提高，可以花比較少的錢買到舶來品，進口的原料和設備價格也會相對便宜；當進口原物料等的成本降低，就能產生較佳利潤，吸引外資進來投資，互相拉抬、提振經濟。

也因為貨幣升值，出口商品相對變貴，賣到別國的商品，報價也會因為貨幣升值而提高，反而不利出口產業在國際之間的競爭力！

 當匯率有明顯升降時，部分公司的股價也會受到波動牽連，原因就是如此！

匯率變化對美國經濟的影響

美元升值	優點	原物料和設備變便宜了，獲利空間變大。	
	缺點	出口產品變貴了，可能影響競爭力。國外分公司賺回來的錢變薄了。	
美元貶值	優點	美國農產品出口，因為便宜能賣更多。國外分公司賺的錢，挹注更多。	
	缺點	原物料和設備變貴了，外資不願意在此投資。	

所以美國希望人民幣升值！以便在和中國的經濟競爭力取得上風

財政政策，政府影響經濟和股市的手段

Q 財政政策和貨幣政策，是一樣的意思嗎？

A 不一樣。貨幣政策和財政政策，是政府可以善加利用的兩項工具，有時候單一，有時候兩者並行。財政政策是指政府利用財政預算，透過擴大或削減稅收、融資債務以及財政開支，例如用於投資到公共建設等開支項目的變化，來刺激或減緩經濟增長的步調，以達到某些總體經濟目標的方法。

簡單來說，當景氣不好，政府會擴大財政支出，或者利用減稅的方式，讓民眾有閒錢消費來刺激總產出；相反地，當景氣過熱，政府就會減少支出，或利用加稅來縮減民眾的荷包，好讓市場熱錢減少，這就是緊縮性的財政政策。

觀念速解

削減
稅收

「削減稅收」其實就是減稅，減稅的方式包括：調降營業稅、所得稅、贈與稅、遺產稅等等。

Ⓠ 財政政策和貨幣政策一樣，有擴張性政策和緊縮性政策兩種嗎？各對經濟和股市有什麼影響？

Ⓐ 擴張性的財政政策，有人俗稱是「撒錢救經濟」，就是政府透過增加「鐵公基」──鐵路、公路、基礎建設──的預算，透過啟動興建重大建設、擴大內需來振興經濟，也趁此增加就業機會，對於當年度的 GDP 有一定的拉抬作用。

第二種是減稅。本來你賺 100 元，要繳 30 元的稅，可支配的金額剩下 70 元；當政府降稅，變成只要繳 15 元的稅，可支配的金額就會提高到 85 元，人民有多的錢可以花用，當然也能達到提振經濟的效果。

而當經濟起來時，國內企業的經營績效提升，對股市便有激勵作用。我們常常聽到新聞講「擴大內需」，指的就是這種擴張性的財政政策。

緊縮性的財政政策也有兩種：一種是「撙節支出」，此時 GDP 的政府支出就會降低；另一種是「加稅」，這樣人民可支配運用的金錢就變少了。在有關歐債的新聞裡，大家常常聽到「撙節支出」這幾個字，現在就能瞭解意思了。

擴張性財政政策－擴大內需，讓人民有更多錢可用

擴大內需	政府出錢蓋捷運，讓很多人有工作可做！
發消費券	政府出錢，讓人民願意消費。
減稅	政府少收錢，讓人民荷包滿一點，願意多消費。 5%

Q 整體來說，財政政策和貨幣政策都各有優勢囉？

A 財政政策通常流程比較久，因為要增加經費需經過國會同意，曠日費時；貨幣政策比較快，只要少數幾個人開完會就可以決定了，唯一要考慮的是，如何拿捏輕重。貨幣政策就像是吃中藥，藥性溫和，隨時可依病情調整下藥；財政政策就像是西醫進手術房開刀，病情重大，需要時間根除病瘤。

財政政策幫國家經濟升溫、降溫：增減稅 & 政府支出

	擴張性財政政策	緊縮性財政政策
目的	提振股市與經濟	降溫股市與經濟
方式	・減稅：調降營業稅／所得稅／贈與稅／遺產稅 ・增加政府支出：推動公共建設→提高社會總需求→增加就業機會→物價逐漸上漲	・加稅：調升營業稅／所得稅／贈與稅／遺產稅 ・減少政府支出：刪減公共建設預算→降低社會總需求→削弱就業機會→物價逐漸下滑
影響	股市熱絡 景氣回溫 物價上漲	股市降溫 景氣下降 物價下跌

美股風向球，Fed 會後聲明透露未來景氣

Q 常常看到聯準會（Fed）發表聲明後，牽動股市漲跌，這是為什麼呢？

A 美國市場除了受到財政政策和貨幣政策、總體經濟指標、企業財報、券商評等影響之外，也受到 Fed 會後聲明的影響。Fed 除了會針對經濟情勢召開 FOMC 利率決策會議，公布聯邦基準利率的維持區間之外，也會發

表經濟評論和展望。

例如 Fed 於 2012 年 1 月 25 日發表會後聲明，其中提及「……雖然多項指標顯示整體勞動力市場狀況在部分程度上進一步好轉，但失業率仍居高不下，家庭開支在繼續成長，但企業固定投資成長放緩，住宅領域依然低迷……」。

這等於是在告訴投資人目前的景氣狀況，尤其是失業率和住宅領域的部分，對於美國來說是很重要的課題，如果失業率居高不下，就代表民眾消費力會減弱，如此一來，企業獲利會減少，當然也會影響股市表現。

接下來看到 2012 年 3 月 13 號，Fed 再度發表會後聲明，提及「……勞動力市場狀況進一步好轉，失業率在最近幾個月明顯下降……企業固定投資再繼續成長……」。

距離上次的報告時隔一個多月，對投資人而言，這樣的經濟解讀是加分作用，也是讓股市增加信心作用！因此，透過解讀 FOMC 利率決策會議後的聲明文，有助於瞭解 Fed 對於市場經濟表現的看法，也有助於預測未來 Fed 貨幣政策的方向。

對於投資人來說，Fed 會後聲明也是一個重要的參考指標。

（相關資訊可以參考另一本專書《3 天搞懂財經資訊》）

不是每個 IPO 都會漲，解讀臉書「破發」

當年社群網站 Facebook 股票尚未 IPO 時，股價已經炒得火熱，2009 年普通股的股價曾經在四個月內大漲 42%。沒想到，2012 年 5 月 17 日發行 IPO 卻跌了一跤，不僅初上市就下跌，還「破發」！

什麼是 IPO？

IPO（Initial Public Offering）是首次公開募股集資，簡單說，就是初次掛牌上市的股票。不論在哪個國家，如果公司的股票要初次上市或要公開募集，必須依照主管機關規定，提出 IPO 計畫及文件，送交各主管機關審核，通過審核後才能夠 IPO。

該如何替 IPO 定價？

首次上市的股價該如何「標價」，才會成為市場矚目的焦點？IPO 訂價是指新股進入市場之前的訂價。發行價的高低，對承銷商來說，決定它的利潤；對投資人而言，則決定個人的投資成本。因此，當發行價訂得較低時，因為人人買得起，新股發行就會比較順利。但股價太過便宜，不只損害原有股東的權益，募集資金總額也會不夠，籌資困難，不利公司長期發展。

可是發行價訂定過高時，將會乏人問津，承銷商的發行風險和發行難度會提高，同時也墊高投資人的持股成本，澆熄投資熱情，結果一樣會造成公司籌資不足的問題。因此，新股承銷價的訂定是一門重要學問，會影響該股往後在證券交易市場價格走勢的關鍵因素之一。

在 2012 年上半年 IPO 的 Facebook 臉書（FB），卻在 2012 年 5 月 17 日 IPO 跌了一跤，不僅初上市就下跌，還「破發」——跌破 38 美元的發行價，更在 2012 年 9 月 4 日創下新低點，收在 17.73 美元，跌幅達到 46%。

當初 FB 股價一路下滑的主因，是法人對 FB 的營收能力存疑，這逼使 FB 不斷開拓財路。於是，FB 和 Bango 合作，透過 Bango 進行移動支付服務，只要是 FB 的用戶即可以透過營運商開單的方式購買商品；這樣的交易模式先從美國、英國和德國開始，之後才會複製到其他各國。此舉被視為利多消息，讓股價重新站上 20 美元。

由於 FB 擁有逾 5.5 億的用戶，原本主要的獲利來源是廣告，現在納入了交易平臺系統商為合作夥伴，FB 的未來獲利之路更為平坦、廣闊，進而讓股價扶持直上，在 2022 年中飆到 380 美元以上。

美股超級財報週登場，搶波段好時機

我們常聽到媒體報導提到「超級財報週」五個大字，實際上，這幾個字指的是美國上市企業「密集」提供財務報告的時間點，和「super」這個字眼沒什麼關係。

美國很多經濟數據都會固定時間公布，美股上市企業的財務報告也不例外！按照規定，上市企業必須在規定的一個月之內，公布財務季報，通常美國第一季財報在1月、第二季在4月、第三季在7月、第四季在10月，而每次打頭陣公布財報的企業，都是美國鋁業（AA），然後緊接著，各大公司會陸續發布財報，但每一次順序不太一樣。

當企業公布營收，等於是發表成績單，該搶進的、該出脫的，都可以趁此時汰弱留強！

反市場操作，在悲觀時逢低加碼

企業陸續公布財報時，如果營收創高或是盈餘增加的企業愈多，整個市場會陷入歡樂的氣氛中，當然會帶動漲勢，這時可以趁勢獲利了結；相反地，當營收減少或是盈餘降低的企業愈多，市場反應也會呈現悲觀狀態，跌勢可能就會出現。投資人可以選擇在這個時候適時停損、選擇基本面不錯，但是被市場情緒牽連錯殺的個股，逢低加碼。

不如分析師預期來得好？
財報怪現象

在超級財報週時，有時候會出現一種特殊有趣的情況：「賺錢的股價跌，虧錢的股價卻上漲。」這是什麼道理呢？因為投資人在看財報時，並不是只關注財報上所顯現的數字而已，還會把財報和券商研究報告上的說法做比較。有時候，某家公司財報上成績亮麗，但投資人看到數字卻不一定捧場，因為「賺的數字沒有分析師說的多」。

相反地，某家公司財報成績普普，甚至虧損，但因為「賠的沒有分析師多」，投資人反而會搶進。如此有趣的現象，純粹是投資人出現「財報與預期」成「溢價」或「折價」的情況！這樣的落差最常發生在短線操作！如果要以中長期投資的觀點來說，投資人應該認真地比較這一季和上一季、這一季和去年同期的表現差異有多少？因為當短線盲目追逐情緒結束之後，企業真正的價值才會逐漸浮現在股價上！

12個「每月、每季、每年」震撼美股的經濟數據

美國經濟數據一公布，如果出乎市場意料，往往成為股市震撼彈，此外這些數據也是美國財經部會用來決定政策的依據。

單元重點

- 美國經濟罩門，救市首降失業率
- 總體經濟好壞，先看房屋相關數據
- 企業動能指標，觀察採購經理人指數

國內生產毛額，一國經濟總指標

Q「國內生產毛額」（GDP）這個數據眾所皆知，它有何重要性？

A 國內生產毛額是判斷經濟情勢的重要指標之一。GDP 是指一個國家或地區，在一段特定時間（通常為一年）裡，生產的所有最終商品和服務的總市值。國內生產毛額的多寡，能夠表示一國經濟規模的大小；而當年的 GDP 比較前一年 GDP 的增減率，就是所謂的「 經濟成長率 」。

另一個常見而且很容易混淆的經濟數據，是國民生產毛額（Gross National Product, GNP）。它是指在一定期間內，由一個國家的「所有人民」所生產出來，提供最終用途的商品與勞務之總市值；這就包含這些國民在「全世界其他地區」所創造出來的市值。

通常投資人比較重視 GDP；想要瞭解哪個地區或國家值得投資，或者預估國際資金會流向哪些地區，就可以參考該地區 GDP 數據的增減情形。

觀念速解

經濟成長率

經濟成長率計算公式＝
（本期的 GDP
－前期的 GDP）
÷前期的 GDP×100%

原因很容易理解。試想，如果我們想瞭解一個鄉下地區是否有商機，是要比較這個鄉下地區 GDP（屬地）的數值增減情形，還是看這個地區 GNP（屬人）的增減狀況？

關注 GNP 可能誤導投資判斷；鄉下地區的 GNP 成長率不錯，可能是因為鄉下居民在外地工作勤奮，而不是鄉下地區景氣好。真正影響投資，評斷一個地區是否值得投資的數據，是 GDP；若一個地區缺乏工作機會，GDP 的表現不會好。GDP 數值的增減情形，直接代表了該地區在某一段時間景氣的好壞。

 景氣維持一段時間的榮景，而且 GDP 數值超乎預期，代表該經濟體前景看好；但是數據好過頭，就要擔心是否會發生景氣過熱的現象。

GDP、GNP 長得像、意義大不同

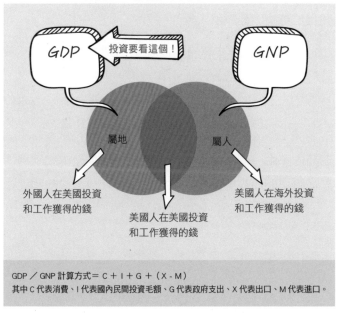

投資要看這個！

GDP

GNP

屬地

屬人

外國人在美國投資和工作獲得的錢

美國人在美國投資和工作獲得的錢

美國人在海外投資和工作獲得的錢

GDP／GNP 計算方式＝ C＋I＋G＋（X-M）
其中 C 代表消費、I 代表國內民間投資毛額、G 代表政府支出、X 代表出口、M 代表進口。

Q 想投資美股的投資者該如何看待 GDP？它對股市有什麼影響？

A 在美國，商務部經濟分析局（BEA）會針對每季的 GDP 數字進行統計並公布。基於資料的完整性和時效性，BEA 會提供三種估計值。最初的 GDP 報告稱為先行（Advance）報告，公布於當季結束後的第一個月內；第一次的估計值不是精確數字，經濟分析局會在當季結束後的兩個月內，分別公布初步估計值（Preliminary）和修正估計值（Revised）。

GDP 數據不如預期，對股市和匯市都是負面消息，但是對於債市，極有可能是利多消息！GDP 數據不漂亮，股票市場的投資人擔心經濟衰退，影響企業前景及未來的成長性，股市就會有一波失望性的賣壓出現。

匯市的部分，投資人有可能因為 GDP 數據不好，轉向尋找其他更好的投資機會，造成國內資金外流，本來想進入國內投資的外商也會卻步，打退堂鼓，於是該國貨幣可能因此貶值。

相反地，當 GDP 的數據超乎預期，代表過去一段時間景氣佳，等於為政府政策背書，就能替國家吸金。當國內外投資人爭先恐後進來投資，就會形成所謂的「股、匯雙漲」，接著就會造成該國貨幣升值。

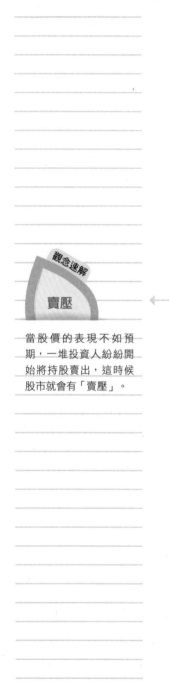

觀念速解

賣壓

當股價的表現不如預期，一堆投資人紛紛開始將持股賣出，這時候股市就會有「賣壓」。

GDP 與道瓊指數的對應關係圖

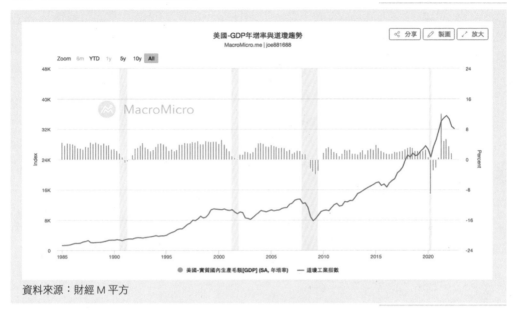

美國-GDP年增率與道瓊趨勢
MacroMicro.me | joe881688

資料來源：財經 M 平方

Q GDP 反應國家的經濟情況，這在臺灣和美國都是一樣的嗎？

A GDP 是由消費、國內民間投資毛額、政府支出、出口、進口等五個項目組成，但每個項目對於 GDP 的貢獻程度（所占的比重）並不相同。以臺灣來說，占 GDP 比重最高的是出口，一般高達七成，而美國則是以消費為主，大概占三分之二的比重！

所以，美國經濟成長率的高低，關鍵在於人民有沒有錢消費。至於人民有沒有錢？就要觀察「 失業率 」（Unemployment Rate）的高低。

觀念速解

失業率

失業率計算方式
＝失業人數÷總勞動人口×100%

降低失業率，重點挽救美國經濟

Q 新聞報導常常提到美國的失業率，原來失業率是美國經濟的罩門？

Ⓐ 沒錯。在美國，失業率的高低甚至可以影響總統選舉的結果，重要性顯而易見！於是，我們可以從一系列跟「就業報告」相關的數字，觀察美國的經濟走向。

與就業相關的數字，包括：失業率、初次申領失業救濟金人數（Initial Claims）以及非農就業人口（Nonfarm Payroll）等三種。美國相關單位在每月月初公布就業報告，光靠這些統計數字，就足以預見美國整體經濟的輪廓；也因此，就業報告向來是市場分析師和經濟學家相當重視的數據。

由於每個月月初這些數據就會被公布出來，投資人甚至能依據這些數據，預測當月其他各項指標的基準。

失業率不是真的失業率？！

失業率是由「失業人數」除以「總勞動人口」所得出來的結果，由美國勞工部按月進行調查公布，屬於落後指標。

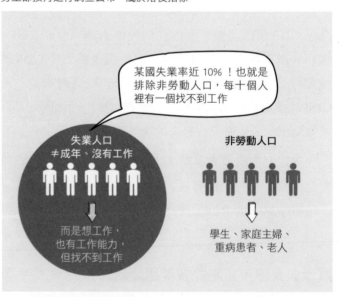

● 「失業人數」是指有工作能力、有工作意願，卻找不到工作的人。另外，也不是所有的成年人都屬於勞動人口！
沒有工作能力，或有工作能力但沒有工作意願的成年人，例如繼續升學或選擇當家庭主婦者，儘管沒有工作，卻不能歸為失業人口，只能算是非勞動人口。

Q 那麼，失業率與股市又有什麼關係呢？

A 失業率通常跟利率或通膨率有關，失業率低、利率和通膨率就會高；失業率高、利率和通膨率就會低。

通常，股市開始下跌時，是失業率走揚的初升段；當失業率持續下降時，股市通常會開始回升！失業率對股市影響這麼大，是因為一般家庭的收入情況與民眾消費力道息息相關。

在美國的 GDP 各組成分子中，「消費」這一項占整個 GDP 約七成；因此，為提升 GDP，最有效率的方法自然是降低失業率、提高就業率，民間消費能力也會因此而增加。這會產生連鎖反應：國內消費總額提高，會帶動整個國家的 GDP 成長；相反地，如果失業率愈來愈高，那麼美國的 GDP 成長率數字也會很難看！

值得注意的是，失業率是一項經濟的「落後指標」，因為企業主在面臨景氣變化時，不會馬上增聘員工或是解僱員工，一定會等到景氣確定時，才會徵員或是裁員。

舉例來說，2020 年受到新冠肺炎的衝擊，許多產業的勞工都被迫休無薪假；等到景氣愈來愈差、庫存太多、訂單太少，部分生產線停工，企業主不得已才開始裁員。同理可知，當景氣好轉時，企業也會先以加班的方式應急，等到景氣確定復甦，訂單開始變多，企業為了加開生產線，才會決定徵聘新員。

失業率與股市的對應關係圖

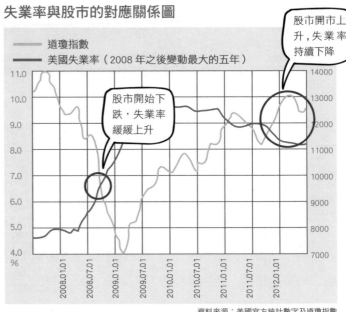

資料來源：美國官方統計數字及道瓊指數

2 大就業報告，分析師最重視的成績單

Q 既然失業率高低跟美國經濟有莫大關聯，那麼申請失業救濟金的數據，是不是也很重要？

A 在美國的失業保險計畫中，申請失業救濟金者通常必須符合下列四項要件：

❶失業並非出於本身的過失；❷具工作意願，隨時願意接受新工作；❸生理上具備工作能力。❹失業者積極求職，例如定期接觸新工作、保存求職歷程及紀錄、持續向就業服務中心報告。

美國勞工部固定於每週四發布「初次申領失業救濟金人數」統計數字。在解讀這項數據的同時，我們可以瞭解景氣好時數據自然較低，反之則較高。根據美國勞工統計局的資料顯示，過去 40 年「初次申領失業救濟金人數」，在景氣復甦到擴張的階段，數據大致介於 30

萬至 40 萬人次之間，而景氣在長期低落時期，可能暴衝至 50 萬至 70 萬人次之間。

我們可以從每週公布的「初次申領失業救濟金人數」的增減中，及時感受時局的變化。

Q 「非農就業報告」是指農業以外的工商就業人口，這代表美國商業活動的縮影，所以很重要嗎？

A 當然。「非農就業報告」公布時間在每個月的第一個星期五，由美國勞工部公布前一個月的統計資料。「非農就業報告」的內容主要來自兩份重要的調查資料，分別是「家計調查」（Household Survey）以及「機構調查」（Establishment Survey）。

「家計調查」是針對美國國內 6 萬戶家庭做抽樣調查，然後將報告交由官方的「人口調查與統計局」做統計。「機構調查」則是由美國勞工統計局與州政府合作彙編，從 38 萬個非農業機構裡，調查各機構在某一段時間的就業情形，因此又被稱作薪資調查（Payroll Survey）。

「非農就業報告」的特色在於，它在調查僱員的統計上，排除了政府公務員、私人家庭雇員、提供個人援助的非營利機構雇員、農業雇員等四大就業類別。另外，包含永久性或臨時性質、實際僱用和解僱員工的數量，也都列入統計。

由於美國是一個工商服務業發達的國家，「非農就業報告」的變化自然反映著美國的景氣。也因為這是民間的就業統計數據，所以對分析師來說是非常重要的報告，已足以據此來判斷目前經濟狀況和就業市場的好壞程度。

非農業人數與景氣息息相關

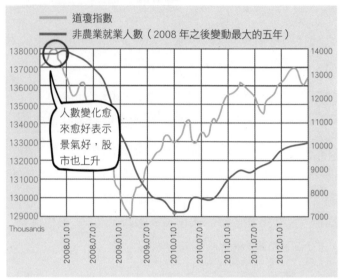

資料來源：美國官方統計數字及道瓊指數

未來景氣好壞，房地產數據會說話

Q 分析師好像也很關注美國房地產相關數據，是什麼原因呢？

A 對一般老百姓而言，買房子是筆很大的開銷，且房貸一揹就是 20 年，民眾購屋前多半會深思熟慮，衡量自己的經濟能力是否許可。而對建商，蓋房子也是一筆很大的支出，如果沒有人買房子，建商資金會被套牢，因而產生虧損；所以在蓋房子之前，建商也會評估現在以及未來的景氣。

而房屋買賣會牽動經濟，原因是很多民眾買屋，建商賺錢，營建類股連帶受惠；民眾買屋要辦貸款，建商蓋房子也要先跟銀行借錢，所以金融類股也會連帶受惠。也因為如此，一個國家整體的房屋銷售狀況，屬於全國性的重要經濟指標；在分析師衡量某些產業以及個

觀念速解

套牢

股價表現非常差，投資人想賣卻無人接手；或是股價太低，投資人怕損失慘重，不願脫手，等待股價重回買價，這些就是俗稱的「套牢」！

股時，是不容忽視的數據之一。

房屋銷售量的多寡，除了顯現景氣好壞，也間接影響房屋相關的供料產業。比方說，房子蓋得多，建材的用料如水泥、鋼筋就會增加；房子賣得多，屋主當然也會為新家添購家電等設備。

因此，有關房地產的統計數據，常被視為重要的景氣領先指標。房地產相關重要指標還包括：「營建或建築許可」（Building permits）、「新屋開工」（Housing Start）、「成屋銷售」（Existing Home Sales）、「新屋銷售」（New Home Sales）等，都是會影響美股的重要數據。

 依據營建或建築許可、新屋開工、成屋銷售、新屋銷售，四個指標來預先判定未來經濟與股市的好壞。

Ⓠ 「營建或建築許可」是要許可什麼？如何看待這個數據？

Ⓐ 建商在房屋開工前，必須取得政府相關部門的許可執照，才可以正式動工。「營建或建築許可」這項資料由各發照單位統計，並由美國商務部於每月 16 日公布上個月的統計資料，是一項很重要的經濟領先指標。

「營建或建築許可」數據增加，當然是因為需求增加；反倒「營建或建築許可」數據減少時，投資人需要特別注意。為什麼呢？因為案件減少，通常不是政府拒絕核發，而是下列兩種原因：❶餘屋過多，❷建商對景氣持保留態度！

當市場上新屋數量過多，導致餘屋賣不完而影響到房市價格，建商就會減少申請許可執照，等到供需正常之後，再申請也不遲。另外，當建商不看好未來景氣，必然不會申請許可執照；或者已經拿到了許可執照，但是看壞後市，所以放棄興建，選擇註銷執照。

分析師會拿「營建或建築許可」數據來預測未來房市景氣。若數據跟前一期比較，或者是跟去年同一期間的數據比較，明顯下滑時，就是房地產市場走疲的警訊；既然連建商都對未來有所疑慮，投資人對於股市也會選擇保守以對了。

Q 「營建或建築許可」和「新屋開工」，這兩個數據看起來有點關聯？

A 是有連動關係。建商在房屋開工前需要先取得許可，而新屋開工是真正開始動工的數量。美國商務部於每個月的 16 至 19 日間公布統計結果，衡量每個月私有住宅的開工數量，是一項市場相當重視的領先指標。

新屋開工率的變動，通常與房屋貸款利率的高低有絕對關係。當房屋貸款利率愈高，新屋開工率就會愈低；當房貸利率愈低，民眾經濟負擔愈輕，購屋意願就會較高，進而促使新屋開工率上升。

分析師在檢視新屋開工率時，也會先觀察「營建或建築許可」的核發數據，兩者反應數據的時間差大約是一個月。

「營建或建築許可」與「新屋開工」，
有一個月的時間差！

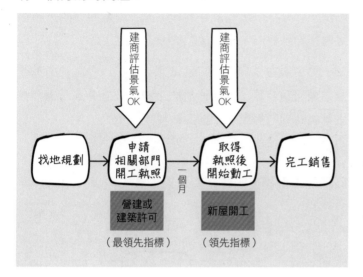

Q 「新屋開工」的計算方式為何？看這個數據時，要注意什麼？

A 「新屋開工」的計算方式都是從實際整地開始算起。「開工率」又有兩種區分，一種是像透天厝的「獨棟」（single family）；另一種像是公寓、大樓的「連棟房屋」（如一般的公寓單位），由這兩者統計出來的數據。

一般來說，「連棟房屋」比「獨棟」的單位數多，所需資金也較多，涉及層面較廣；因此「連棟房屋」開工情形變化較為劇烈，容易受到其他因素的影響，而使得房屋開工率大幅波動。美國「獨棟房屋」占新屋開工的七成左右，波動情形比較緩和，因此在應用解讀上「獨棟房屋」的數據比較重要。

此外，開工數據不只受景氣影響，還會受氣候影響；

因為在冰天雪地時期根本無法動工，一般開工都會選在氣候較為適宜的春秋兩季。所以，有時候這個數據變動的情況頗為激烈，可能在冬天的開工率是零，一旦開春後數據開始暴增，有這樣的情況也不足為奇。

投資人在研判時要特別留意，最好以春夏秋的數據為主要考量，除了與前一期的數據比較之外，還要參考去年同時期的表現，才不會誤判。

新屋開工數據反應建商對未來景氣的判斷

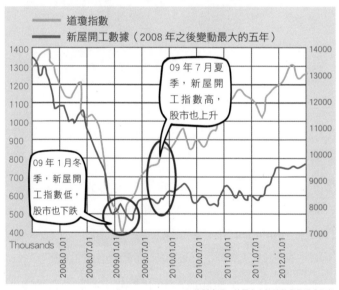

資料來源：美國官方統計數字及道瓊指數

房地產指標，影響金融股與營建股

Ⓠ 觀察「成屋銷售」和「新屋銷售」這兩個數據，是為了瞭解當下的景氣狀況嗎？

Ⓐ 「成屋銷售」報告是由全美不動產仲介協會（The National Association of Realtors，NAR）觀察全美國不

同地區，包含成屋銷售狀況、房屋售價及待銷售成屋庫存數量後，提出的分析。「新屋銷售」則是由美國商務部統計各建商提供的銷售合約後所得到的參考數據。

按照以往的房屋銷售資料顯示，通常美國「成屋銷售」占整體房屋市場八成多，「新屋銷售」不到兩成。即使如此，分析師多半比較關注新屋銷售的數據。「新屋銷售」數據好，代表建商為了蓋房子，必須花錢買鋼筋、水泥、磁磚……，還要租用怪手、水泥預拌車，蓋房子也需要大批的工人，等於增加許多就業機會。這些對於當年度的 GDP 及 GNP，都有貢獻。

反過來說，「成屋銷售」是現任屋主將中古屋轉移物權給下一任屋主，對 GDP 毫無貢獻！這也就是為什麼產業分析師比較重視「新屋銷售」的原因，可以從這個數據預判國家整體經濟情勢。

Ｑ 難道「成屋銷售」的數據沒有意義，不需要觀察？

Ａ 不能這麼說，「成屋銷售」數據也有自己的重要性，因為買房子的人多，代表民眾的消費力提升，就業情況趨於穩定，對未來抱持樂觀態度。「成屋銷售」數據的好壞，對於金融市場具有相當程度的影響力，包括房屋貸款，以及跟房屋相關的營建公司股價等。同時也被視為觀察短期與房屋相關商品支出，以及總體消費者支出的重要參考指標。不論是新屋還是成屋銷售數據，還可以搭配景氣循環一併解讀。

通常在景氣循環的谷底，房屋銷售量往往會止跌回升，代表景氣逐漸好轉，帶動股市反彈；相反地，在景氣循環的高峰，房屋銷售量長期處於高檔，投資人反而更要注意反轉信號！

因為當景氣過熱時，美國聯準會必定祭出政策來抑制通膨，最簡單的方式就是升息。不論一般民眾或是投資客，扛不過房貸利息時，只好賣屋換現金，到時候就會出現拋售潮。因為缺錢賣屋，當然也不會有閒錢投資股市，對股市的影響可見一斑！

「成屋銷售」代表消費力、「新屋銷售」影響產業前景

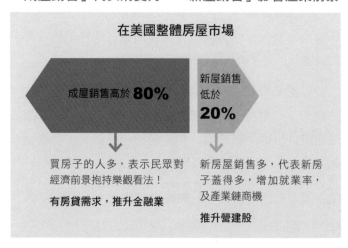

在美國整體房屋市場

成屋銷售高於 **80%**

新屋銷售低於 **20%**

買房子的人多，表示民眾對經濟前景抱持樂觀看法！

有房貸需求，推升金融業

新房屋銷售多，代表新房子蓋得多，增加就業率，及產業鏈商機

推升營建股

未來營收好壞，快參考製造業指標

Q 除了就業情況和房屋市場，在製造生產面上，有什麼數據可以作為投資人觀察股市的依據嗎？

A 可以觀察「ISM 採購經理人指數」（ISM Purchasing Managers' Index）。美國供應管理協會（Institute of Supply Management，簡稱 ISM）在每個月的月初，會針對前一個月的商業活動情形，發布兩項非常重要的指標：「ISM 製造業採購經理人指數」以及「ISM 非製造業採購經理人指數」。

成立於 1915 年的美國供應管理協會，是全球採購、

供應、物流管理領域裡最大的專業組織機構，因此，這個協會所發布的採購經理人相關指數，向來都是市場上注意的焦點。這份數據等於是整個經濟體「活動量」的縮影。

Q 「ISM 採購經理人指數」代表的意義是？

A 這個數據是由美國供應管理協會針對全美 370 位採購與供應主管人員，進行問卷調查，答案有「好轉」、「不變」和「變差」三項可以勾選，最後再將當月的業績表現和上個月業績表現做比較，進行統整和分析。

問卷內容包含新訂單、生產、僱用狀況、供應商交貨速度、存貨等，各有十個項目。一般而言，依據回答彙整計算出的數值，介於 0 到 100 之間，並以 50 當作分水嶺。

當指數高於 50，表示受訪的經理人中，對未來前景看好的比例較高，也顯示當時經濟正迅速擴張，對股市有利；低於 50，則顯示對未來前景看壞的比例較高，代表經濟成長已經失去了動力，對股市不利。

通常「ISM 製造業採購經理人指數」高於 50，對股市來說是利多消息，但指數若居高不下，甚至屢創新高，也代表景氣過熱，政府的抑制政策將可能隨之出爐。

2007 至 2012 年間 ISM 製造業指數與股市走勢圖

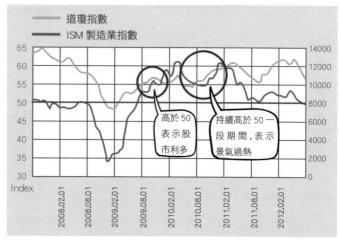

資料來源：美國官方統計數字及道瓊指數

2007 至 2012 年間 ISM「非」製造業指數與股市走勢

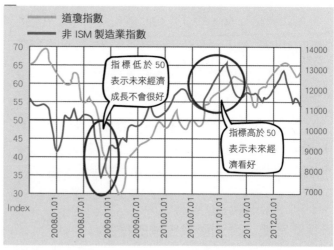

資料來源：美國官方統計數字及道瓊指數

Q 「ISM 採購經理人指數」和「採購經理人指數」是同一個數據嗎？

A 不是喔！從「ISM 製造業採購經理人指數」，取

新訂單、生產、僱用狀況、供應商交貨速度、存貨等五個項目的數據重新計算，會得到「採購經理人指數」（Purchasing Managers' Index，PMI），也就是俗稱的PMI 指數。

PMI 指數是每月月初公布，因此，投資人也能夠從它的變化趨勢，預測即將公布的各項經濟指標。PMI 指數具有高度的敏感性及重要性，經常被視為是重要的領先指標。

Q 那麼「芝加哥採購經理人指數」呢？

A 「芝加哥採購經理人指數」（Chicago Purchasing Managers'Index）是由 ISM 芝加哥分會調查並公布的數據，一般業界稱之為「產業的氣壓計」。芝加哥是三大汽車廠（福特、通用、克萊斯勒）的製造重鎮，向來為美國製造業最重要且集中的區域，因此芝加哥繁榮的程度高低，具有指標性的意義。

「芝加哥採購經理人指數」的廣泛性，不及「ISM製造業採購經理人指數」，但是它會在每個月最後一個營業日上午公布當月份數據，比 PMI 指數早一天公布，因此會被拿來當作先行指標，並與 PMI 指數一起預測未來經濟的趨勢。

從採購數據，預測產業復甦的程度

Q 既然提到採購，當企業添購生產設備，是不是代表看好未來景氣？

A 企業增添生財器具，的確被視作看好未來景氣的舉動，因此我們可以注意「耐久財訂單」（Durable Goods Orders），這個數字也被視為是製造業景氣的領先指標。

觀念速解

耐久財

指不易耗損、使用壽命超過三年以上的財貨，例如國防設備、飛機運輸設備、企業機器設備、汽車以及家電用品等。

「耐久財訂單」是由美國商務部轄下之人口調查與統計局，從全美 5000 家大公司以及數萬個生產場所蒐集而來的資料，予以統計分析後，在每個月的 22 號至 25 號間公布前一個月的數據。它包括幾個重要的數字，例如耐久財新訂單（New Orders）、耐久財出貨量（Shipments）、未完成訂單（Unfilled Orders）以及耐久財庫存數額（Inventories）等。

　　由於製造商在進行生產排程計畫時，一定是先有訂單，才進行後續的備料、製造、運送等過程；因此，「耐久財訂單」被廣泛用來預測製造業生產線上的變化，和景氣波動的情形。

耐久財訂單是製造業前景重要指標

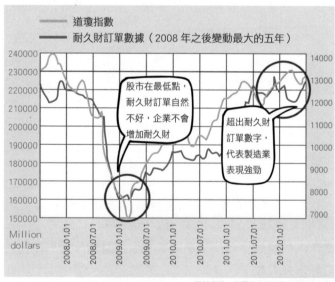

資料來源：美國官方統計數字及道瓊指數

Q 什麼樣的設備算是耐久財？這個數據有什麼特性？

A 耐久財通常都指高單價、性質特殊的產品——例如國防武器、運輸工具以及機械設備等。除了民眾買汽車、家電，或者民間企業添購設備之外，會採購國防類耐久財的買方，通常是政府機構或是大型的航運公司等。

因此我們在解讀該數據時，要特別注意以下兩項特點：一是數據在公布之後，事後修正的幅度可能很大；二是訂單金額可能大起大落。原因就出在於國防、航運等業者一旦增減訂單，將讓數據波動劇烈！

事後修正幅度很大的理由，主要是訂單的修改或取消。因為每一筆訂單的金額都很大，而且買方可能是政府機構，因此，從決定要買到支付貨款，審批過程曠日費時。再加上從接獲訂單、生產到完成，耗時甚久，萬一遇到政府預算審議不及或是政策改變，不予支持或補貼等，都會造成買方修改訂單或取消訂單的可能。

因此，某個月的訂單金額大幅提高，往後連續幾個月卻大幅下滑，像這樣的訂貨數額發生巨幅落差是十分常見的情況。也因為如此，有些分析師會將國防和運輸部門的需求數字剔除後，另外採計編成一個耐久財訂單數據，或者利用統計學的技術，改以移動平均值來觀察趨勢。

Q 如何解讀耐久財訂單？

A 由於這項數據相當難以預測，而且波動幅度劇烈，因此在公布的時候，常常會出乎市場意料，造成市場激烈反應。一般而言，超出市場預期的耐久財訂單數字，代表製造業（特別是重工製造業）表現強勁，很有可能充當產業火車頭，進而帶動各次級產業的發展。對股市而言，這類消息自然是利多訊息。

電子業必追蹤，半導體設備訂單出貨比

Q 在科技時代，景氣跟電子相關類股的接單情形大有關聯，特別是和半導體產業相關的數據，是不是也值得投資人留意？

A 沒錯，從「半導體設備訂單出貨比」（B/B 值，SEMI Book-to-Bill Ratio）可以嗅出電子類股景氣端倪。「半導體設備訂單出貨比」是由國際半導體設備材料產業協會每月所公布的數據，是北美各半導體設備製造商在過去三個月所接的「平均訂單金額」，除以過去三個月的「平均設備出貨金額」而得。

採取三個月的移動平均值，是因為半導體的設備單價高，移動平均數字比較能呈現市場的趨勢走向，不至於有太大的落差。

Q 該如何解讀「半導體設備訂單出貨比」？

A 如果 B/B 值是 1.1，表示半導體設備製造業者在過去三個月以來，一共接獲 110 美元的訂單，而平均出貨量為 100 美元。B/B 值大於 1，表示半導體「設備業者」接單狀況良好，也顯示半導體「製造商」看好未來景氣，因此持續添購設備。不過，B/B 值只是「比值」的概念，不是絕對的數額高低。

此外，若當期所公布的 B/B 值大於 1，但訂單與出貨的金額與上一期或是往年同期相比，卻是在相對低點，這只能說明，半導體製造商正逐步增加設備投資，並不能擴大解讀為半導體市場已經復甦，進而作為投資決策的依據。

因為有可能這些訂單，是下游廠商為了確實掌握源料，而對上游廠商重複下單，造成 B/B 值大於 1 的情況。

例如 2011 年日本發生 311 大地震時，就發生嚴重的重複下單，因此，投資人在解讀此一數據時，不能不特別注意。

 持續追蹤 B／B 值真正的訂單與出貨金額，才能瞭解市場實際的景氣狀況。

從物價指數密切觀察通貨膨脹

Q 美國的 GDP 最重要組成分子是「消費」，除了房屋相關數據、失業率之外，根據物價指數的變化，是不是也能判斷民眾的經濟能力？

A 我們先來瞭解什麼是「消費者物價指數」（Consumer Price Index，CPI）？美國的「消費者物價指數」是以 1982 年到 1984 年的平均物價水準當作基期，收集包括房屋支出、食品、交通、醫療、成衣、育樂和其他等七大類，一共 200 多項商品的價格，依據不同的權重編纂成指數。以此和現在的物價指數做比較，就能明白物價相對於基期的波動程度。

舉例來說，基期的物價指數若是 100，2022 年的物價指數為 102，就意謂著 2022 年此「一籃子」財貨與勞務的價格高於基期水準 2%。由於這個指標涵蓋的內容都是民眾日常生活所需之物，因此該指數的變化程度，便成為衡量物價膨脹率高低的主要指標之一。

Q 物價膨脹率指的是通貨膨脹嗎？消費者物價指數變動多少，代表通貨膨脹危機近在眼前？

A 如果各項原物料價格持續上漲，「消費者物價指數」的年增率會比去年同期的數據高。通常「消費者物價指

數」增加超過 3%，被視為是通貨膨脹；一旦超過 5%，就會被認為是惡性通膨。至於介在 3% 和 5% 間的國家，則視各國經濟條件及背景而有不同的解讀。

就拿美國和巴西這兩個國家來說，若美國某一段時間的「消費者物價指數」超過 3%，聯準會可能會調升利率以做因應；但是對巴西這個國家，3% 漲幅還在容許的範圍之內。

我們可以觀察波動程度的大小，進而瞭解目前投資市場是否處於「通膨隱憂」的階段。一旦聯準會認為「消費者物價指數」變動太大，勢必升息，如此一來，資金出走、股市下跌，也是預料中的事。

從消費者物價指數走勢，推測是否將陷入通貨膨脹

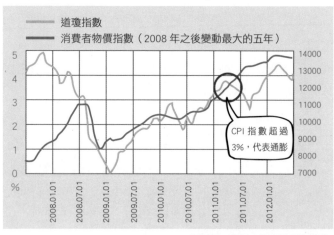

資料來源：美國官方統計數字及道瓊指數

3 個物價指標，推測未來物價

（Q） 在物價指數中，還有一個「生產者物價指數」，它又有什麼意義？

A 「生產者物價指數」（Producer Price Index，PPI）是用來衡量生產者在生產過程中所需採購物品的物價變動狀況；因此，這項指數包括了原物料、半成品和最終產品等三個生產階段的物價變動資訊。

理論上來說，在生產過程中所有的生產成本，最後都會反映到產品的價格上，轉嫁給消費者。因此，「生產者物價指數」的變動情形，有助於預測未來的物價，這項指標也因此普遍受到市場重視。

Q 消費者物價指數和生產者物價指數，這兩個數據需要放在一起解讀嗎？

A 「消費者物價指數」和「生產者物價指數」同為大家熟知的通膨衡量指標，長期來看，兩者相關程度很高；但從短期資料來看，兩者可能會出現很大的差異。

原因在於，「消費者物價指數」統計的是一般消費者日常生活必需品的價格變化狀況，統計範圍包括「財貨」及「勞務」；但是「生產者物價指數」的編制資料僅納入「財貨」，而且構成項目中，涵蓋了前者沒有計入的「資本設備」一項。

實質收益

投資者在投資到期時，實際獲得的利益，稱之為「實質收益」。

由於「生產者物價指數」公布時間較早，分析師會利用其中第三個部分、最終產品的物價波動狀況，來預測「消費者物價指數」。此外，如果原物料及半成品的價格上漲，商品恐怕也會跟著漲價，因此「生產者物價指數」也能用來預測未來的通膨狀況。

一般來說，較高的通貨膨脹率會使股票及債券的實質收益下降，因為商品都變貴了，同樣金額的錢，可以買的數量變少了。因此這兩個物價指數上揚，對於股市及固定收益市場而言都不是好消息。

固定收益

投資者依事先約好的利率所獲得的收益，即為「固定收益」。例如債券和定存單到期時，投資者可依約領取利息。

Q 物價提高，民眾的消費力道就會受到影響，像這樣跟民生消費相連動的現象，該觀察哪一個指標？

A 我們可以從「零售銷售數據」（Retail Sales）窺知一二。「零售銷售數據」是由美國商務部統計局所做的全國性零售業抽樣調查，每個月進行一次，會在11日至14日間公布前一個月的資料。

　　包括雜貨店、超級市場、百貨公司、量販店等銷售通路，將雜貨銷售給顧客所產生的總銷售數額，就是「零售銷售數據」代表的意義。而消費者不管是以現金或信用卡支付貨款，都包括在「零售銷售數據」的範圍內，但必須扣除掉消費者退貨部分的金額。

　　「零售銷售數據」深受人民日常生活消費型態影響，因此也最能反映民生必需品的消費力道。

從零售銷售消費支出走勢，看出民眾消費能力

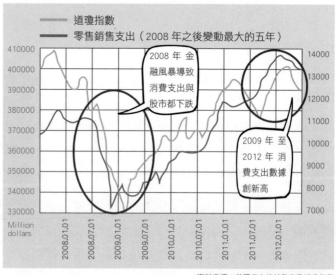

資料來源：美國官方統計數字及道瓊指數

信心指數，民眾感受經濟強弱的溫度計

Q 股市常常因為投資人的恐懼或貪婪，而有不合乎經濟數據的表現，像這種虛無飄渺的東西，也有指標可供觀察嗎？

A 針對美股，目前可供參考的是「消費者信心指數」（Consumer Confidence Index，CCI），透過抽樣調查，該數據反應消費者對目前與往後六個月的經濟景氣與就業情況的感受。

「消費者信心指數」是由美國經濟諮商理事會（Conference Board）統計。該協會針對美國國內 5000 個家計單位提出問題，瞭解這些家計單位對於景氣的感受程度，並加以量化之後，與 1985 年為基期（設定為 100）的相關數額比較，進而得出一項統計資料。

在問卷調查中，針對「現在」和「六個月」提問的比例各是四成和六成。在各項景氣循環指標當中，「消費者信心指數」被視為是經濟強弱的溫度計，與景氣好壞有高度的相關性。尤其勞動市場的就業情況和股市的表現，對於「消費者信心指數」的變化程度影響最大。美國的失業率跟「消費者信心指數」的變化趨勢，呈現極度的負相關。

Q 官方有「消費者信心指數」，美國民間團體部分是不是也提供有類似的數據？

A 我們可以觀察密西根大學公布的「密西根大學消費者信心指數」（University of Michigan Consumer Sentiment Survey）。密西根大學針對全美 500 個抽樣樣本，針對其個人財務、企業狀況以及未來支出計畫三方面進行抽樣調查，將被調查人對問題的回答分別歸類於

「肯定」、「否定」並計數，繼而用其平均數計算出消費者信心指數值。

　　一般對於該項指標的解讀是，當「密西根大學消費者信心指數」上揚，代表消費者購買商品或服務的意願較為強烈，有利於經濟的復甦與擴張；倘若「密西根大學消費者信心指數」下滑，代表終端消費意願薄弱，經濟趨緩的可能性因此而提高。

　　長期以來，「密西根大學消費者信心指數」很明確地指出消費者態度的變化，進而可據以預測消費行為。另外，和其他同類用途的數據相比，這個數據波動性更小，表現更為穩定。與官方所做的「消費者信心指數」相比，「密西根大學消費者信心指數」的數據更貼近社會大眾的真實感受。

（相關資訊可以參考另一本專書《3 天搞懂財經資訊》）

　　經濟指標百百種，對買賣決策各有用處，但要記住什麼時間公布哪一種，會不會太累了呢？鉅亨網非常貼心，幫大家整理出各國經濟數據出場時間表，除了美國，還能看到英國、歐元區等地的資料，協助大家一眼看盡全球情勢。

網址：http://www.cnyes.com/
economy/indicator/Page/
schedule.aspx

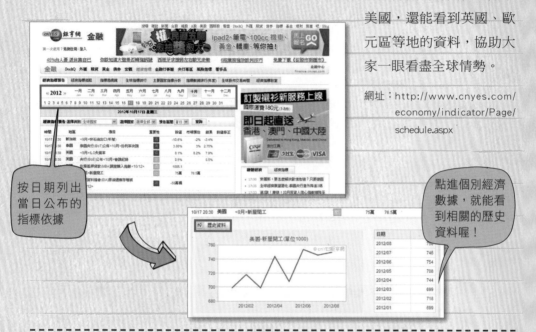

按日期列出
當日公布的
指標依據

點進個別經濟
數據，就能看
到相關的歷史
資料喔！

　　若大家還不熟悉美國經濟指標，一次看到太多資料會怕，那就擁抱外匯寶的網頁吧！「近期數據」就是最近一次公布的資料，網站直接標明漲跌幅度。旁邊再配上「下次公布時間」。簡單乾脆、一目瞭然！

網址：http://big5.fx168.com.cn:81/
fxindex/index_usa.html

美股代號速查表

不管下單還是搜尋資料,美股代號不可或缺。為了讓不熟悉美股英文代號的讀者
迅速找到心儀的股票,我們將國人常買、熟悉的個股整理成表。本表並非按代號
英文字母順排,也非傳統類股分類,而是以最直觀的方式分組。讓讀者從生活中
獲取投資靈感,更貼近美股的投資世界!

食			
代碼	公司名稱	中文	指數
MCD	MCDONALD'S CORP	麥當勞	S&P500 指數
KO	COCA-COLA CO	可口可樂	S&P500 指數
SBUX	STARBUCKS CORP	星巴克	S&P500 指數
KFT	Kraft Foods	卡夫公司	道瓊指數

衣			
代碼	公司名稱	中文	指數
NKE	NIKE INC B	耐吉	S&P500 指數

行			
代碼	公司名稱	中文	指數
BA	BOEING CO THE	波音	S&P500 指數
AMR	American Airlines	美國航空	道瓊指數
GM	General Motors Corporation	通用汽車	S&P500 指數
F	FORD MOTOR CO	福特汽車	S&P500 指數
BA	The Boeing Company	波音公司	道瓊指數

樂			
代碼	公司名稱	中文	指數
WMT	WAL-MART STORES INC	沃爾瑪	S&P500 指數
M	MACY'S INC	梅西百貨	S&P500 指數
JCP	J.C. PENNEY CO INC	潘尼百貨	S&P500 指數
DIS	WALT DISNEY CO THE	華德迪士尼	S&P500 指數

醫療生化			
代碼	公司名稱	中文	指數
MRK	Merck & Co Inc	默剋製藥公司	道瓊指數
PFE	Pfizer Inc	輝瑞藥廠	S&P500 指數
JNJ	Johnson & Johnson	強生製藥有限公司	道瓊指數／S&P500 指數
ABT	ABBOTT LABORATORIES	美商亞培	S&P500 指數
VRTX	VERTEX PHARMACEUTICALS	福泰製藥	那斯達克

日常用品			
代碼	公司名稱	中文	指數
GL	COLGATE-PALMOLIVE CO	高露潔棕櫚	S&P500 指數
PG	Procter & Gamble	寶潔公司	道瓊指數
HD	Home Dept	家得寶公司	道瓊指數
MMM	Minnesota Mining and Manufacturing Company	3 M公司	道瓊指數

金融保險

代碼	公司名稱	中文	指數
C	CITIGROUP INC	花旗集團	道瓊指數／S&P500 指數
AXP	AMERICAN EXPRESS CO	美國運通公司	道瓊指數／S&P500 指數
JPM	JPMORGAN CHASE & CO	摩根大通公司	道瓊指數／S&P500 指數
BAC	BANK OF AMERICA CORP	美國銀行	道瓊指數／S&P500 指數

通訊相關

代碼	公司名稱	中文	指數
VZ	Verizon Communications	韋里孫通訊	道瓊指數／S&P500 指數
T	AT & T INC	美國電話電報公司	S&P500 指數
QCOM	Qualcomm INC	高通	那斯達克／S&P500 指數
VOD	Vodafone Group PLC	沃達豐	那斯達克

網路相關

代碼	公司名稱	中文	指數
AMZN	AMAZON.COM INC	亞馬遜網路書店	S&P500 指數
SYMC	SYMANTEC CORP	賽門鐵克	S&P500 指數
YHOO	YAHOO! INC	雅虎	那斯達克／S&P500 指數
EBAY	EBAY INC	電子灣拍賣網站	那斯達克／S&P500 指數
GOOG	GOOGLE INC A	谷歌	那斯達克／S&P500 指數
ADBE	ADOBE SYSTEMS INC	阿德寶軟體公司	那斯達克／S&P500 指數
BIDU	BAIDU INC ADS	百度	那斯達克

電腦硬體、軟體

代碼	公司名稱	中文	指數
AAPL	APPLE INC	蘋果電腦	那斯達克／S&P500 指數
DELL	DELL INC	戴爾電腦	那斯達克／S&P500 指數
HPQ	HEWLETT-PACKARD CO	惠普公司	道瓊指數／S&P500 指數
INTC	INTEL CORP	英特爾	道瓊指數／那斯達克
MSFT	MICROSOFT CORP	微軟	那斯達克／S&P500 指數／道瓊指數
CSCO	CISCO SYSTEMS INC	思科	那斯達克／S&P500 指數／道瓊指數
IBM	International Business Machines Corporation	國際商用機器公司	道瓊指數
CA	CA Inc	組合國際	那斯達克
ORCL	Oracle Crop	甲骨文	那斯達克
TMICY	Trend Micro Inc	趨勢科技	那斯達克
SGI	Silicon Graphics International	矽圖科技	那斯達克

半導體

代碼	公司名稱	中文	指數
AMD	Advanced Micro Devices, Inc	超微半導體公司	那斯達克
ASE	Advanced Semiconductor Engineering Inc	日月光半導體	那斯達克
TI	Texas Instruments	德州儀器	那斯達克
MU	Micron Technology	美光科技	那斯達克
SMI	Silicon Motion Inc	慧榮科技	那斯達克

為了讓讀者更清楚知道哪些股票在證券市場中流動最大，以下是藍籌股的分類，
也可以稱為績優股。

食			
代碼	公司名稱	中文	指數
MCD	MCDONALD'S CORP	麥當勞	S&P500 指數
KO	COCA-COLA CO	可口可樂	S&P500 指數
SBUX	STARBUCKS CORP	星巴克	S&P500 指數
CPB	Campbell Soup C	康寶濃湯	那斯達克
PEP	PepsicoInc	百事可樂	S&P500 指數
PFE	Pfizer Inc	輝瑞藥廠	S&P500 指數
MRK	Merck & Co Inc	默剋製藥公司	道瓊指數

住			
代碼	公司名稱	中文	指數
AEP	American Electric Power Co Inc	美國電力	S&P500 指數
DD	E.I. Du Pont De Nemours & Co (DuPont)	杜邦	那斯達克
GE	General Electric Co	美商奇異	道瓊指數
DUK	Duke Energy Corp	迪克能源	S&P500 指數
T	AT & T INC	美國電話電報公司	S&P500 指數
XOM	Exxon Mobil Corp	美孚石油	道瓊指數
AVP	Avon Products Inc	雅芳產品	S&P500 指數
JNJ	Johnson & Johnson Inc	嬌生公司	道瓊指數

行			
代碼	公司名稱	中文	指數
GM	General Motors Co	美國通用	S&P500 指數
AMR	American Airlines	美國航空	道瓊指數
GM	General Motors Corporation	通用汽車	S&P500 指數
F	FORD MOTOR CO	福特汽車	S&P500 指數
BA	Boeing Company	波音公司	道瓊指數
DAL	Delta Air Lines Inc	達美航空公司	那斯達克

育			
代碼	公司名稱	中文	指數
AAPL	APPLE INC	蘋果電腦	那斯達克／S&P500 指數
ADBE	ADOBE SYSTEMS INC	阿德寶軟體公司	那斯達克／S&P500 指數
DELL	DELL INC	戴爾電腦	那斯達克／S&P500 指數
IBM	International Business Machines Corporation	國際商用機器公司	道瓊指數
HPQ	HEWLETT-PACKARD CO	惠普公司	道瓊指數／S&P500 指數
AMZN	AMAZON.COM INC	亞馬遜網路書店	S&P500 指數

			樂
代碼	公司名稱	中文	指數
EKDKQ	Eastman Kodak Co	伊士曼柯達公司	道瓊指數
ERIC	Telefonaktiebolaget LM Ericsson	愛立信	那斯達克
JNPR	Juniper	瞻博網路	那斯達克
DIS	WALT DISNEY CO THE	華德迪士尼	S&P500 指數

			電子
代碼	公司名稱	中文	指數
AMAT	Applied Materials Inc	應用材料	那斯達克
NSM	National Semiconductor Corp	國家半導體	那斯達克
ORCL	Oracle Crop	甲骨文	那斯達克
INTC	INTEL CORP	英特爾	道瓊指數／那斯達克
CSCO	CISCO SYSTEMS INC	思科	那斯達克／S&P500 指數／道瓊指數
XRX	Xerox Corp	全錄公司	S&P500 指數

			銀行
代碼	公司名稱	中文	指數
BAC	BANK OF AMERICA CORP	美國銀行	道瓊指數／S&P500 指數
C	CITIGROUP INC	花旗集團	道瓊指數／S&P500 指數
MS	Morgan Stanley	摩根史坦利	那斯達克
JPM	JPMorgan Chase and Co	摩根銀行	那斯達克
WFC	Wells Fargo & Co	富國銀行集團	那斯達克

			網路
代碼	公司名稱	中文	指數
YHOO	YAHOO! INC	雅虎	那斯達克／S&P500 指數

圖解筆記21

3天搞懂美股買賣（最新增訂版）

買分身不如買本尊，不出國、不懂英文，也能靠蘋果、特斯拉賺錢！

作　　者：梁亦鴻
文字整理：陳珈螢
責任編輯：簡又婷
校　　對：梁亦鴻、林佳慧、簡又婷
視覺設計：廖健豪
寶鼎行銷顧問：劉邦寧

發 行 人：洪祺祥
副總經理：洪偉傑
副總編輯：林佳慧
法律顧問：建大法律事務所
財務顧問：高威會計師事務所
出　　版：日月文化出版股份有限公司
製　　作：寶鼎出版
地　　址：台北市信義路三段151號8樓
電　　話：(02)2708-5509｜傳真：(02)2708-6157
客服信箱：service@heliopolis.com.tw
網　　址：www.heliopolis.com.tw
郵撥帳號：19716071 日月文化出版股份有限公司

總 經 銷：聯合發行股份有限公司
電　　話：(02)2917-8022｜傳真：(02)2915-7212
印　　刷：軒承彩色印刷製版股份有限公司
初　　版：2012年11月
三　　版：2022年11月
定　　價：360元
I S B N：978-626-7164-68-6

國家圖書館出版品預行編目資料

3天搞懂美股買賣：買分身不如買本尊，不出
國、不懂英文，也能靠蘋果、特斯拉賺錢！／
梁亦鴻著. -- 三版. -- 臺北市：日月文化出版股
份有限公司，2022.11
256面；17×23公分. --（圖解筆記；21）
ISBN 978-626-7164-68-6（平裝）
1. CST：股票投資 2. CST：證券市場 3. CST：
美國
563.53　　　　　　　　　　111015143